CONFINAMENTOS & afins
O OLHAR DE UM HOMEM NEGRO SOBRE RESISTÊNCIA E REPRESENTATIVIDADE

CONFINAMENTOS & afins
O OLHAR DE UM HOMEM NEGRO SOBRE RESISTÊNCIA E REPRESENTATIVIDADE

RODRIGO FRANÇA
ADALBERTO NETO

Prefácio de
MAÍRA AZEVEDO, a TIA MÁ

AGIR

Copyright © 2020 by Rodrigo França e Adalberto Neto

Direitos de edição da obra em língua portuguesa no Brasil adquiridos pela Agir, selo da EDITORA NOVA FRONTEIRA PARTICIPAÇÕES S.A. Todos os direitos reservados. Nenhuma parte desta obra pode ser apropriada e estocada em sistema de banco de dados ou processo similar, em qualquer forma ou meio, seja eletrônico, de fotocópia, gravação etc., sem a permissão do detentor do copirraite.

EDITORA NOVA FRONTEIRA PARTICIPAÇÕES S.A.
Rua Candelária, 60 — 7.º andar — Centro — 20091-020
Rio de Janeiro — RJ — Brasil
Tel.: (21) 3882-8200

Dados Internacionais de Catalogação na Publicação (CIP)
(Câmara Brasileira do Livro, SP, Brasil)

Neto, Adalberto
Confinamentos & afins: o olhar de um homem negro sobre resistência e representatividade / Adalberto Neto, Rodrigo França. -- Rio de Janeiro : Nova Fronteira, 2020.
160p.

ISBN 978-85-22007-44-8

1. Coronavírus na literatura 2. Racismo - Brasil 3. Reality shows (Programa de televisão) 4. Pandemias I. França, Rodrigo. II. Título.

20-38591   CDD-920.009

Índices para catálogo sistemático:
1. Brasil : Racismo : Biografia 920.009
Maria Alice Ferreira - Bibliotecária - CRB-8/7964

Para minha avó Benedita Alves da Silva e meu pai Nelson Silva França (*in memorian*), com todo o meu amor e honra.

SUMÁRIO

NOTA DOS AUTORES, 9

PREFÁCIO - AO MESTRE COM CARINHO;
OU MUITO OBRIGADA, RODRIGO FRANÇA, 11

1 - INDICAÇÃO, 15

2 - CONVITE, 21

3 - RODA DE CONVERSA, 28

4 - RACIALIZAÇÃO, 34

5 - RONCO, 44

6 - EMPATIA, 53

7 - ASSÉDIO, 63

8 - PATERNIDADE, 69

9 - RACISMO RELIGIOSO, 75

10 - FALTA DA SEGUNDA CHANCE, 82

11 - CORPO PRETO, 90

12 - GAIOLA, 96

13 - MAMÃE, 101

14 - VIOLÊNCIA SIMBÓLICA X VIOLÊNCIA FÍSICA, 105

15 - RESULTADO ANTECIPADO, 111

16 - DISCURSO FINAL, 115

17 - AQUI FORA, 120

18 - MEU PRÊMIO, 125

19 - ARMADILHAS A EVITAR, 131

20 - OUTRAS FORMAS DE APRENDER, 138

21 - DAQUI PARA A FRENTE, 141

POSFÁCIO, 149

CARTA AO MEU PAI, 158

NOTA DOS AUTORES

Confinamento: segundo o dicionário *Aurélio*, *condição da pessoa que opta [ou não] por se afastar do convívio social, permanecendo sem contato com o mundo exterior. Ação ou efeito de confinar, cercar, limitar, restringir.*

Essa palavra, tão comum no universo dos reality shows, chegou na vida de todo mundo, fazendo-se presente. Este livro, por exemplo, foi finalizado durante a quarentena, em que, quem pôde, ficou preso em sua residência para evitar o contágio da Covid-19.

O confinamento, porém, pode ter sentidos ainda mais profundos. Estamos sempre em busca de uma suposta liberdade, mas ainda há corpos que estão sendo vigiados a todo momento. Há corpos perseguidos em lojas, examinados pelas câmeras de segurança, vistos como potenciais criminosos. O racismo confina e limita. E é isso que abordaremos aqui.

Antes, precisamos fazer uma breve explicação.

Muita gente deve estar se perguntando nesse momento: "No título está 'negro', não seria 'preto'?"

Todos os termos criados pelo colonizador para o povo colonizado sempre foram pejorativos. Até porque nenhum processo de colonização é tranquilo, pacífico. Nas Américas, assim como no continente africano, não foi diferente. Ainda se romantiza muito esse contexto, mas não podemos deixar cair no esquecimento os sequestros, a escravidão, os estupros, o aculturamento.

Os afro-americanos ressignificaram o termo "preto" [*black*]. Aqui no Brasil foi diferente, o Movimento Negro adotou a palavra "negro". Temos o Teatro Experimental do Negro, a Associação Cultural do Negro, o Movimento Negro Unificado, a Marcha das Mulheres Negras e outras organizações e coletivos, que também levam a palavra "negro". E eu sempre sigo os meus mais velhos, então me permito usar a nomenclatura "negro".

Agora, entre se referir a alguém como "negro" ou "preto", opte sempre por usar o nome da pessoa. Deixe para racializar o outro apenas quando há necessidade de especificar a característica étnico-racial por questões relacionadas à pesquisa ou internamente, quando se faz parte de tal grupo.

PREFÁCIO

AO MESTRE COM CARINHO;
OU MUITO OBRIGADA, RODRIGO FRANÇA

UMA EDIÇÃO HISTÓRICA! O ANO ERA 2019, E O REALITY, QUE estreou no Brasil em 2001, teria pela primeira vez cinco participantes negros. Era o maior número desde a sua primeira edição. Vibrei! Já tinha um motivo para comemorar, pois não precisava de desculpa para acompanhar o programa. Assumo que sou apaixonada por reality shows e assisto a todos!

A presença de um tal de Rodrigo França, ator, dramaturgo e militante conhecido e respeitado por sua sensibilidade e dedicação à luta antirracista, me chamou atenção. Sabia que tínhamos amigos em comum, e a minha torcida foi logo para ele e para as duas pretas mais retintas, Rizia e Gab. Eu amava o *team* da Gaiola, mas esses três eram os meus xodós. Queria ver como se sairiam diante de tantas câmeras.

Só que, o que era motivo de euforia no início, foi me despertando gatilhos. Chorei muitas vezes ao acompanhar o programa. Sofria com o racismo perverso dirigido a eles ali dentro pelos outros participantes. O episódio do ronco, que fez o Rodrigo França decidir só ir dormir depois de todo mundo "para não incomodar ninguém", me causou uma dor física. Me lembrei de todas as vezes que recusei dormir na casa de minhas amigas para não ser o alvo da chacota, por conta do meu cabelo que amanhece amassado. Não era o ronco que incomodava, era o corpo preto e fora do padrão de Rodrigo.

Ele era literalmente um professor ali, diante de várias câmeras, tentando ensinar. Com um discurso sempre pacífico e conciliador, vinha sendo transformado diante de nós no alvo do escárnio. Cada perversidade direcionada a ele e ao seu grupo doía em mim também. Porque eu me enxergava neles. Somos o alvo das mais diversas formas de violência, mas impedem que falemos sobre isso.

Quando terminou o programa e conheci pessoalmente o Rodrigo França na casa de amigos em comum, eu o abracei, mas em seguida questionei: "Por que você não brigou? Por que não gritou com eles?" Com sua sabedoria e paciência, Rodrigo me respondeu: "Queriam isso de mim, bastava um grito para que me transformassem em um monstro, eu não poderia permitir que me usassem para reforçar a imagem do homem preto agressivo." Eu o abracei de novo e chorei. Hoje ouso dizer que Rodrigo nunca revidou não porque fosse bobo, mas porque é formado por completo de AMOR… E acredito que a sua missão no programa não foi ganhar um milhão, foi nos mostrar o quanto o amor preto cura, liberta e salva! Rodrigo França, obrigada por cada lição.

Maíra Azevedo (Tia Má)
Jornalista, parceira do *Encontro com Fátima Bernardes* e palestrante

INDICAÇÃO 1

ERA UMA SEGUNDA-FEIRA DE OUTUBRO. NÃO LEMBRO O DIA exato, mas era começo de mês. Bebi sabendo que tinha dinheiro na conta. E bebi muito. Minhas pernas doíam de tanto dançar. Não tem como ir para a Pedra do Sal e ficar parado. Mesmo sabendo que o dia seguinte é uma terça cheia de coisas para fazer.

A Zona Portuária do Rio é um lugar de resistência negra. Um monumento histórico e religioso, que fica no bairro da Saúde, perto do Largo da Prainha. Conhece? Não? Tem que conhecer! É muito bom. Rola samba, pagode, funk, kuduro e vários outros ritmos africanos. Lá, encontra-se a Comunidade Remanescentes de Quilombos da Pedra do Sal. O local foi tombado em 20 de novembro de 1984 pelo Instituto Estadual do Patrimônio Cultural.

A vibe ali é sempre muito boa, mas nesse dia especificamente estava ótima. A música que tocasse eu dançaria. Estava feliz. Parecia que tinha recebido uma boa notícia. E nada

A ZONA PORTUÁRIA DO RIO É UM LUGAR DE RESISTÊNCIA NEGRA.

UM MONUMENTO HISTÓRICO E RELIGIOSO, QUE FICA NO BAIRRO DA SAÚDE PERTO DO LARGO DA PRAINHA.

tinha acontecido. Só estava com um bom astral mesmo. Tanto que lamentava as vezes que ia ao banheiro. E foram várias. Bebida faz isso, né? A gente vai uma vez e volta de um em um minuto.

Em uma dessas idas, peguei o celular para ver que horas eram. Só para saber dali a quanto tempo eu teria que acordar — mas, se me perguntar agora quanto tempo faltava, nem lembro. Havia 15 chamadas perdidas de uma amiga. Isso me deixou tão preocupado que até esqueci o motivo de ter tirado o celular do bolso.

Quando eu ia retornar a ligação, já do lado de fora do banheiro, em um local onde a música não estava tão alta, ela me ligou mais uma vez.

— Até que enfim, hein!

O nome dela é Gilda Maranhão. Uma assessora de imprensa que cuida das minhas redes sociais e acabou virando amiga. Minhas relações de trabalho são assim: a gente começa em uma reunião séria e termina falando besteira em um bar.

— Tem alguém tentando falar contigo pelas suas redes sociais, dizendo que é de um reality show.

Eu disse que podia dar meu número. Não estava acreditando naquilo. Pensei que era uma piada. Afinal, eu estava bêbado.

— Então, tá bom. Ele vai te ligar, beijo!

— Beijo.

Voltei a beber e a dançar até o sol me avisar que era terça. Fui para casa sem saber quem eu era. E não imaginava que um olheiro de um programa realmente me ligaria. Eu tinha acabado de deitar com o pé imundo na cama. Minha roupa, meu cabelo, meu corpo inteiro estava sujo, mas eu só pensava no pé; o "Não vai deitar na cama com esse pé imundo!" da minha mãe nunca sai da minha cabeça. A culpa sempre vem. Mesmo morando sozinho há mais de vinte anos. Então, o telefone tocou.

— Oi, Rodrigo, aqui é o Marco, do programa X. Pode falar rapidinho?

— Agora, não, mano.

Desliguei o celular e apaguei.

2
CONVITE

EU ESTAVA ALMOÇANDO NO RESTAURANTE DE SEMPRE AO mesmo tempo que trabalhava. Nessa vida corrida de produzir arte, não tenho muita escolha. Lembro que no prato eram dois pedaços de frango e purê de batata com salada verde. O telefone toca, um número restrito. A gente sempre acha que é telemarketing. Não atendi. Resolvi respeitar o meu (quase) sagrado almoço. Depois da quarta insistência, pensei que poderia ser alguma proposta de trabalho, as emissoras de televisão ligam normalmente de número restrito. Atendi. Era o tal olheiro, tentando me convencer a entrar em um programa a que eu não assistia desde a quinta edição.

Foram diversas tentativas. Ele disse que eu tinha o perfil que eles procuravam — negro, professor e militante. Só me vinha na cabeça um "NÃO!!!!!!!!!!", assim mesmo, com todas as letras maiúsculas e cheio de exclamações. Mas os amigos e familiares insistiram, dizendo que seria importante a minha presença naquele espaço, o quanto eu estaria prestando um

ELE DISSE QUE EU TINHA O PERFIL QUE ELES PROCURAVAM – NEGRO, PROFESSOR E MILITANTE.

grande serviço para aqueles que não frequentam os meus espetáculos teatrais, aulas, palestras e não conhecem os meus textos nas redes sociais. Bingo! Souberam tocar no meu ponto fraco: a democratização de informações.

Preciso abrir um parêntese aqui. Depois de ter vivido essa experiência, li em um site de entretenimento: "O que ele foi fazer em um programa como aquele?" Como assim o que eu fui fazer ali? A ideia não era que eu fosse o que realmente sou na vida? Se era um reality show, nada mais esperável que eu fosse real naquilo em que acredito. Mas isso eu conto mais para a frente.

A virada do ano, eu quis passar com amigos e meus familiares. Sabia que se a produção decidisse a minha ida ao programa, eu ficaria algum tempo sem estar junto daqueles que amo. Todo mundo pensava que eu ia morar um tempo fora do país para palestrar e estudar. Pouquíssimos sabiam o que havia por trás de tanta vontade de aproveitar cada segundo da minha liberdade aqui fora. Era como se eu já soubesse que sentiria muita falta deles no período em que ficaria confinado.

Tive que organizar a minha vida pessoal e profissional em um curto prazo de tempo considerando que eu fosse entrar. Eu já tinha a agenda dos primeiros três meses do ano lotada, com três estreias, palestras, dias de férias e um filme para rodar. Consegui empurrar algumas coisas para a frente, outros compromissos foram cancelados. Como tenho uma equipe de trabalho numerosa, antecipei alguns pagamentos para não deixá-la na mão. Contas no débito automático. Viagem de férias cancelada. Chave do apartamento entregue a duas amigas de confiança — Mery e Valéria.

Meus últimos dias antes do reality foram frequentando a praia naturista Abricó, em Grumari, um lugar paradisíaco do Rio de Janeiro. Queria ter imagens do mar registradas na cabeça. Achava que seria mais fácil sonhar com aquele cenário. Fora que eu ficaria privado de estar livre, sem roupa — então, tinha que aproveitar.

E fui escolhido. Abracei a minha mãe na despedida. Só me lembro da minha "véia" dizendo: "Não permita que eles sejam racistas com você. Saia, você não precisa se submeter a nada. Eu te amo!" Um profissional da produção que me acompanhava chorou copiosamente nesse momento. Ele era negro, então sabia do peso daquelas frases. Foi o único que ficou descompensado. A empatia foi direta.

Um dia antes de ir para o pré-confinamento em um hotel, próximo do local onde o programa seria gravado, publiquei nas minhas redes sociais uma foto da Dona Ruth de Souza, nossa grande dama do teatro, que morreu pouco mais de três meses depois de o reality acabar. Foi uma maneira simbólica de pedir a bênção para ela, que abriu tantas portas para negras e negros no Brasil. Foi minha maneira de dizer subliminarmente: "Eu tô indo lá, mas toma conta de mim." Estava sentindo que ia precisar disso. E precisei.

"NÃO PERMITA QUE ELES SEJAM RACISTAS COM VOCÊ.

SAIA, VOCÊ NÃO PRECISA SE SUBMETER A NADA. EU TE AMO!"

3
RODA DE CONVERSA

DEPOIS DE UMA SEMANA ISOLADO EM UM QUARTO DE HOTEL, o que eu mais desejava na vida era ver gente. Foi quando entendi o porquê de gritos, beijos e abraços em estranhos no primeiro dia de contato. Mas se eu soubesse que... Deixa para lá.

Poucas horas depois, em uma disputa, com direito a corrida e a mão algemada no parceiro de prova, em que se definiu quem seriam os dois primeiros participantes imunizados do programa, tropecei, lesionei o calcanhar e ralei o joelho esquerdo. Pensei em abandonar o reality. A dor era insuportável. Mas sou osso duro de roer. E não queria decepcionar quem tanto apostava, acreditava e torcia por mim. Lembro que fui acolhido por duas participantes que em seguida foram levianas comigo pelas costas. Percebi que a atitude era forçada, mas não recusei. Nos primeiros momentos naquele lugar, é importante mostrar-se simpático e prestativo para não votarem por sua saída. Elas eram canastronas, exageradas

SOU OSSO DURO DE ROER. E NÃO QUERIA DECEPCIONAR QUEM TANTO APOSTAVA, ACREDITAVA E TORCIA POR MIM.

com a preocupação. Não perguntaram sequer o meu nome, o que, para mim, é o mínimo para uma verdadeira convivência.

Propusemos uma roda de conversa, a fim de nos conhecermos melhor. Vi que não estava sozinho, havia outros negros. Esse era um dos meus muitos receios, inclusive. E por mais que digam que não existe afinidade com aqueles que nunca sofreram racismo, me encantei por uma branca feminista e vegana cheia de atitude. Ela exalava tanta verdade em seu discurso político, tanto amor por pautas que me fascinam, embora não sejam o meu alvo de atuação política, que arrebatou meu coração logo de cara. Sabe paixão à primeira vista? Foi exatamente isso.

Naquela roda de conversa eu tive um conforto. Pressentia que não seria monótono, pelo menos, e que ótimos papos surgiriam a partir daquela primeira experiência. Mas também percebi falas egocêntricas, ótimas para me indicar qual lado eu escolheria no momento certo.

Um dos participantes brancos teve a petulância de me chamar de "negão". Fiz uma cara de paisagem, que foi uma das minhas marcas no programa para evitar falar o que muitos precisavam ouvir, e ele logo percebeu que eu não havia gostado. Sinalizei que não curto ser racializado por estranhos, que ele deveria me chamar pelo nome. Mas o cara insistiu, dizendo que chamava os amigos negros de tal forma, como se isso o avalizasse se referir a mim daquela maneira — uma versão do tokenismo, prática comum na nossa sociedade, que é quando alguém acusado de ser racista e/ou machista usa as pessoas de suas relações sociais que pertencem às ditas minorias para se eximir do erro ou crime, o famoso: "Eu não sou racista, tenho até amigos negros". Rebati dizendo que eu não era amigo dele e que não havíamos construído uma intimidade para isso. Completei falando que, para mim, somente pessoas pretas podem me chamar assim. E, caso insistisse, eu o chamaria de "brancão". Nunca chamei uma pessoa branca de leite azedo, palmito e afins. Não queria militar, mas fatalmente fui obrigado. Vi que não permaneceria uma semana naquele lugar... Mas permaneci.

UM DOS PARTICIPANTES BRANCOS TEVE A PETULÂNCIA DE ME CHAMAR DE "NEGÃO".

4 RACIALIZAÇÃO

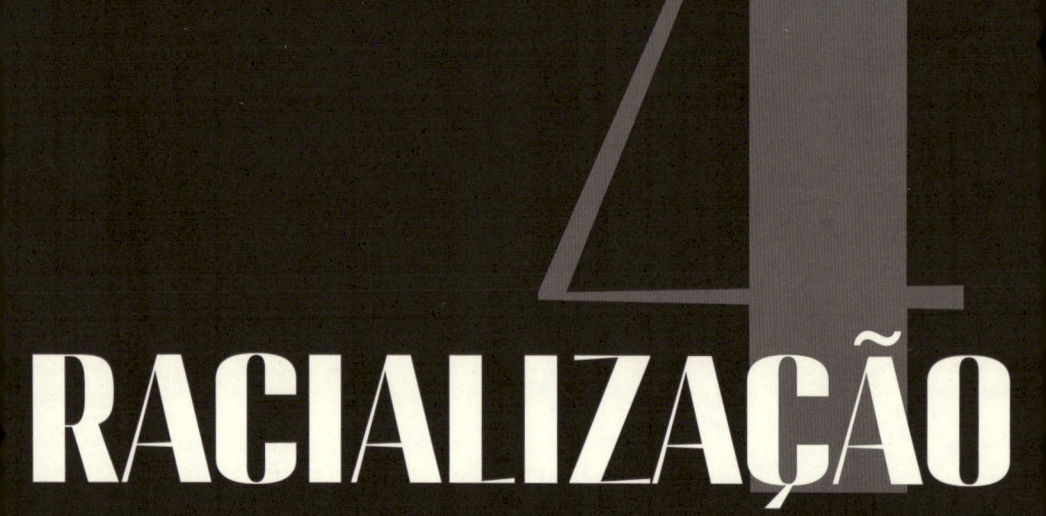

DURANTE ANOS, AS CAPAS DE REVISTAS, AS NOVELAS E OS anúncios publicitários, em geral, nos fizeram acreditar que o Brasil era um país de pessoas brancas e de olhos claros. Até hoje, esse perfil continua predominante nos meios de comunicação, mas, de uns (poucos) tempos para cá, o negro começou a ocupar um espaço maior na mídia. Talvez como consequência de políticas públicas que promoveram o nosso acesso às universidades e, consequentemente, nos possibilitaram chegar a cargos de tomada de decisão nesses espaços; ou porque descobriram que somos um ótimo público consumidor e passaram a nos atender; ou porque nós cansamos de não nos ver representados e partimos para o ataque nas redes sociais; ou por causa de tudo isso.

O fato é que ainda estamos muito longe do ideal. Apesar de sermos a maioria da população brasileira, ainda somos a minoria em diversos lugares considerados nobres. Quando somos. Só para citar um exemplo, outro dia, um produtor,

APESAR DE SERMOS A MAIORIA DA POPULAÇÃO BRASILEIRA,

AINDA SOMOS A MINORIA EM DIVERSOS LUGARES CONSIDERADOS NOBRES.

que me convidou para dirigir um espetáculo com temática racial, me levou para jantar em um restaurante onde só tinha gente branca. Obviamente, me recusei a ficar naquele lugar. Mas, antes, questionei sobre a ausência de negros por lá. "Senhor, as nossas portas estão abertas para todos, não fazemos distinção de cor. Se outras pessoas do seu tom de pele vierem aqui, vamos recebê-los com o maior prazer, como fazemos com qualquer cliente", me respondeu o gerente.

Sabe onde está o erro na fala do gerente? No mesmo lugar em que não se percebe que não há negros em hotéis, cinemas, teatros, shows, excursões, ocupando bons cargos em empresas, papéis de destaque em novelas e com relevância na moda. É triste ter que dizer isso, mas normalizaram a nossa ausência nos lugares de privilégio. Será que nenhum negro gostaria de jantar em um restaurante bacana em vez de estar apenas trabalhando em sua cozinha? Com certeza gostaria! Também gostamos do que é bom.

Há alguns anos, cansado de ser o "negão" do rolê, passei a frequentar exclusivamente lugares com predominância negra. Ser o único negro em um restaurante, além dos funcionários, me colocava em um lugar de grande desconforto, apesar de ter a consciência de que o errado não era eu. Isso me fazia tão mal que não tinha comida que caísse bem, por mais chique ou nome gringo que tivesse. Até porque, para mim, tudo que é nacional é melhor.

Segundo uma pesquisa do Instituto Locomotiva para a Central Única das Favelas de junho de 2020, nós, negros, somos 118,9 milhões de pessoas no país (56%) e consumimos R$ 1,9 trilhão anualmente, o que representa 40% do total do consumo brasileiro. Ora, se consumimos tanto, devemos

A SEGREGAÇÃO, NA VERDADE, JÁ EXISTE NO BRASIL, MAS É VELADA.

NO BRASIL, SÓ AS PESSOAS NEGRAS OU INDÍGENAS SÃO RACIALIZADAS.

O BRANCO AQUI É UNIVERSAL, É A REFERÊNCIA.

gastar nosso batalhado dinheiro com nossos empreendedores, que equivalem a 51% dos empreendedores nacionais. Sei que vai ter muita gente que vai falar: "Isso é segregação!" A segregação, na verdade, já existe no Brasil, mas é velada. Por conta do racismo institucional — sistemas de desigualdade que assolam órgãos públicos governamentais, corporações empresariais privadas e universidades públicas ou particulares —, empresários negros têm o seu pedido de crédito negado três vezes mais do que os empresários brancos.[1] Então, nada mais justo que o dinheiro da comunidade negra brasileira ajude no fortalecimento desses empreendedores.

No reality show de que participei, havia outras quatro pessoas negras — um recorde histórico para o programa. Mesmo assim, não consegui fugir ao epônimo que tanto nos persegue. Foi assim que, sem qualquer cerimônia nem sequer procurar saber o meu nome, o tal "colega" de confinamento perguntou:

— Posso te chamar de negão?

— Você vai me racializar por quê, se nem me conhece e não tem intimidade comigo? Posso então te chamar de brancão em rede nacional? — respondi sério.

Ficou um climão no ar e, como já era de se esperar, virei alvo dele no jogo.

No Brasil, só as pessoas negras ou indígenas são racializadas. O branco aqui é universal, é a referência. A intelectual,

---

1 - Segundo Eugene Cornelius Junior, chefe do escritório de comércio internacional da SBA, agência do governo dos Estados Unidos que se assemelha ao nosso Sebrae.

política, professora, filósofa e antropóloga Lélia Gonzalez certa vez disse: "Negro tem que ter nome e sobrenome, senão os brancos arranjam um apelido... ao gosto deles."

RONCO

EM TODA A MINHA VIDA, NUNCA RECEBI RECLAMAÇÃO DO meu ronco. Tem gente que até se surpreendeu ao ver pela televisão que eu roncava. Nem eu sabia que roncava. Mas acho que sei o motivo de ter feito isso em pleno horário nobre da TV. Sou intolerante à lactose e, aqui no mundo real, não bebo leite e evito ao máximo os seus derivados. Lactose faz desenvolver muco, possibilitando pigarro, tosse e ronco. Mas, naquele universo paralelo, onde a comida era restrita e, na despensa, eu não desfrutava das mesmas coisas que tinha em casa, a regra que estabeleci para mim mesmo foi a seguinte: "A farra gastronômica tá liberada." Talvez, como consequência dessa permissividade, a ingestão de lactose em excesso tenha provocado o ronco... e a minha primeira grande vontade de sumir daquele lugar.

Abro aqui mais um parêntese. Alguns dias após ter saído da casa, fui com minha mãe ao cinema, depois jantamos em um restaurante que ela adora e, por fim, fomos para casa dormir. Para a casa dela. A essa altura, quando eu encontrava com um parente ou amigo muito próximo, não conseguia dizer "adeus" tão facilmente. Sufocava mesmo. Acho que era carência pós-confinamento. E quando é mãe, então, a gente exagera na dose.

Dormimos na mesma cama, juntinhos. Às vezes, durante o sono, percebia o corpo dela próximo ao meu. E adorava. Me dava a sensação de proteção. Esse afeto noturno era tudo de que eu precisava após os dias de pressão que vivi durante o programa. Passado o momento tenso de uma assembleia, em que eu fui pauta, a produção bem que poderia ter liberado a entrada da minha mãe na casa. Queria chorar nos braços dela. Mas fingi ser forte.

— Meu filho, você não roncou em momento algum — disse mamãe.

O ronco me transformou em uma espécie de ogro naquele programa. E ressaltar que eu não havia roncado durante a noite era como se fosse um elogio. Sei que eu podia emitir o barulho mais incômodo que ela não ia ligar. Não naquele momento. Mas para não dizerem que é marmelada, amigos que foram me visitar na minha casa e tiveram que dormir na mesma cama que eu, por motivos de "moro em um quarto e sala" — apelidado de Marmita por uma amiga no confinamento —, disseram o mesmo. E quer saber? Eu acreditei. Fecha parêntese.

O fato é que, logo na primeira noite naquele lugar, a minha presença incomodou até enquanto eu dormia. Durante a madrugada, fui atingido no rosto por um participante com um travesseiro. Ele reclamava do meu ronco, e eu, meio confuso, meio grogue e meio sem querer entender que

O RONCO ME TRANSFORMOU EM UMA ESPÉCIE DE OGRO.

O FATO É QUE, LOGO NA PRIMEIRA NOITE NAQUELE LUGAR, A MINHA PRESENÇA INCOMODOU ATÉ ENQUANTO EU DORMIA.

aquilo realmente tinha acontecido, apenas respondi que não era eu. Era eu também. Mas não só eu. Não sei exatamente qual nível de agressão a direção do programa considera grave a ponto de expulsar uma pessoa do jogo. O que sei é que o meu sono R.E.M. é sagrado, e interrompê-lo, por qualquer razão que seja, é motivo para expulsar a pessoa do planeta. Ainda mais com agressão.

O sujeito que me jogou o travesseiro na cara é branco. Nada aconteceu com ele. O que eu pude fazer foi, no café da manhã do dia seguinte, chamar todos os participantes e perguntar quem havia feito aquilo. Ninguém assumiu a responsabilidade. Porque, no Brasil, quem oprime tem satisfação e perversidade em agir, mas odeia ser colocado como responsável pela opressão. Já comigo, as coisas não pararam por aí. Em um dado momento do dia seguinte, duas mulheres reuniram todos os "moradores" da casa na varanda. Ingenuamente, pensei que fossem propor uma brincadeira, tipo "Verdade ou consequência" ou algo do gênero. Não. Essa foi a tal assembleia para tratar sobre o meu ronco. Uma das mulheres é uma nordestina branca e bissexual que, como se viu, não teve empatia pelo coleguinha da minoria negra[2]. Todas as vezes que me deparo com esse tipo de contradição, penso nessas pessoas que se autodeclaram aliadas e antirracistas. A outra é uma loira que vive uma vida de privilégios sem fim. Para elas, era impossível dormir no mesmo quarto que eu, por causa do meu ronco, o que era uma novidade para mim, tendo em vista que, como disse, nunca haviam reclamado sobre isso comigo até então.

---

2 - O termo minoria não foi usado aí com intuito de expressar uma noção de quantidade, mas sim de tratar de grupos sociais que estão em vulnerabilidade de direitos.

Eu fiz a cara mais *blasé* que pude enquanto elas sugeriam que, além de revezar quem dormiria no chão — ali não tinha cama para as 17 pessoas —, era importante que eu dormisse cada dia em um quarto — a casa tinha dois quartos — para não incomodar sempre o mesmo grupo. Os outros participantes se dividiram entre cara de "chocado com aquela palhaçada", cara de "eu quero voar nessas desgraçadas" e cara de "bobo alegre porque pimenta nos olhos dos outros é refresco". A questão é que outras pessoas, que dormiram no mesmo quarto que eu, tinham roncado. Inclusive um cara com a tal expressão de "bobo alegre porque pimenta nos olhos dos outros é refresco". Ele ria enquanto as mulheres reclamavam de mim, mas fez um ar de "como assim, eu?" quando alguém disse que ele também roncou durante a noite. Os sorrisos ao fim da acusação soaram como uma penitência ao rapaz pela infração, afinal, pelo que disseram, o problema era o meu ronco. Ou seja, era permitido roncar, mas dentro de um limite de decibéis.

Ah, antes que eu me esqueça: o rapaz que também roncou no quarto é branco, corpo padrão e, aparentemente, tinha gente interessada em um possível romance com ele. Reclamar do seu ronco poderia atrapalhar uma maior aproximação. Ali, a sedução também estava em jogo.

Entrei para os *trending topics* do Twitter, quando tudo o que queria era paz. Pelo que vi depois que saí dessa experiência, a maioria das pessoas, incluindo artistas renomados, me defendeu na internet e questionava o porquê de só o ronco do participante negro incomodar.

Sentindo tristeza e indignação, minha família chorou ao me ver sendo alvo de tamanha crueldade. Como

NO BRASIL, QUEM OPRIME TEM SATISFAÇÃO E PERVERSIDADE EM AGIR, MAS ODEIA SER COLOCADO COMO RESPONSÁVEL PELA OPRESSÃO.

toda heroína negra, que desde cedo aprende a fazer do limão uma limonada ou uma deliciosa caipirinha, minha mãe secou as lágrimas e fez do meu ronco um funk em 150 batimentos por minuto. O clipe de "Deixa o menino roncar", em colaboração com o MC Lipinho, do Complexo da Penha, foi um sucesso no Brasil e chegou a passar no programa. Minha mãe ficou conhecida como Dona Verinha e, pelo que eu saiba, foi a primeira funkeira idosa do país a lançar um batidão. Eu adorei. O funk. O clipe. A força da minha mãe. Ao mesmo tempo que ri ao vê-la com peruca loira, vermelha, vestido longo, curto, shortinho, me emocionei. Sabia que ela não faria aquilo se não fosse por mim — ou pelos meus irmãos, claro. Ela se arriscou a dar um jeito na coluna, fazendo passinho e rebolando. Por muito menos, ela reclama de dor aqui e ali. Mas é isto: minha mãe é minha rainha.

6
EMPATIA

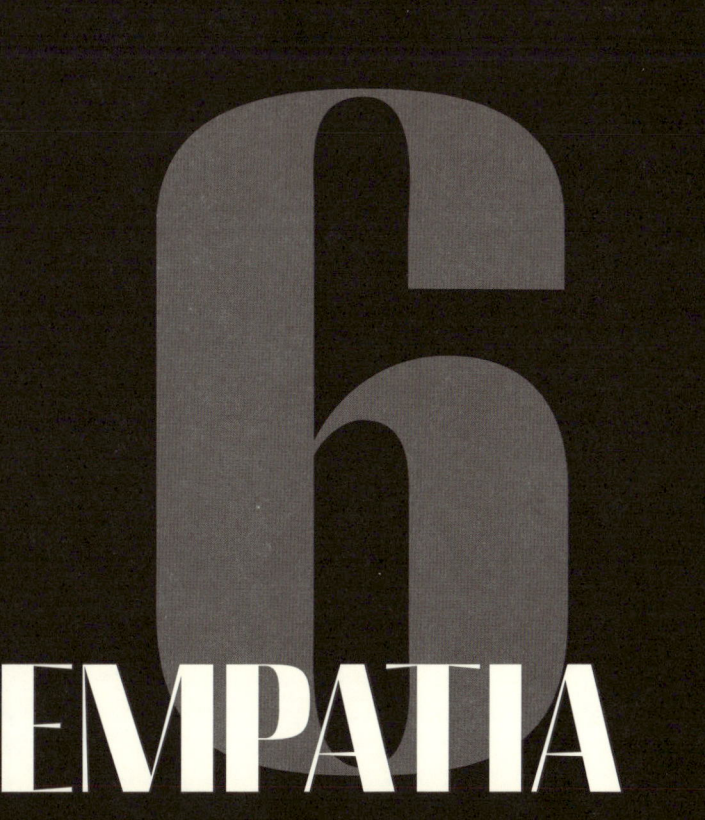

ANTES DE 5 DE JANEIRO DE 1989, QUANDO UMA PESSOA ERA chamada de racista, obviamente por uma atitude racista, era normal vê-la batendo no peito e dizendo algo do tipo: "Sou mesmo e com muito orgulho, seu preto." Mas, depois dessa data, quando passamos a ter a nosso favor a lei n.º 7.716, que torna crime o racismo, tudo mudou.

Só para não dizer que não enalteci quem merece, a lei é de autoria do ex-deputado Carlos Alberto Caó de Oliveira. Mais conhecido como Caó, ele era jornalista, advogado e militante do movimento negro. Nascido em Salvador, mudou-se para o Rio de Janeiro, por onde se elegeu, em 1982, como deputado federal. Como constituinte, Caó regulamentou o trecho da Constituição Federal que torna o racismo crime inafiançável e imprescritível. Em 4 de fevereiro de 2018, aos 76 anos, ele morreu, mas jamais será esquecido por nós, povo preto.

O PROBLEMA É QUE, DESDE QUE PASSOU A SER CRIME, TODO MUNDO QUE PRATICA RACISMO NÃO O ASSUME MAIS.

O problema é que, desde que passou a ser crime, todo mundo que pratica racismo não o assume mais. Ninguém quer ser preso. E, também desde então, virou moda falar que é vitimismo ou mimimi quando uma pessoa negra diz que sofreu racismo. Essa é a nova amarra social, serve para silenciar qualquer acusação, depoimento ou reivindicação das pessoas que sofrem e trazem conclusões críticas ao seu sofrimento social. Normalmente quem não tem argumento para um debate por meio do senso crítico encontrará alguma forma para findar o discurso alheio, minimizando com termos depreciativos. E como o racismo também é um problema estrutural, muita gente acaba sendo racista de forma natural, seja reproduzindo certos comportamentos, como esconder um celular quando vê uma criança negra na rua, seja proferindo expressões do tipo "preto de alma branca", "é preto, mas é limpinho", "também tenho um pé na cozinha" e "preto de traços finos", só para citar algumas.

Segundo o advogado, jurista e doutor em filosofia Silvio Almeida, "o racismo estrutural é a formalização de um conjunto de práticas institucionais, históricas, culturais e interpessoais dentro de uma sociedade que frequentemente coloca um grupo social ou étnico em uma posição melhor para ter sucesso e ao mesmo tempo prejudica outros grupos de modo consistente e constante causando disparidades que se desenvolvem entre os grupos ao longo de um período de tempo".[3] A sociedade brasileira foi constituída pela escravidão indígena e africana. Vejo muitas pessoas brancas justificando o seu racismo cotidiano com a seguinte pérola: "Eu não sou

---

3 - ALMEIDA, Silvio Luiz de. *Racismo estrutural*. São Paulo: Sueli Carneiro/Pólen, 2019. e-book.

O RACISMO ESTRUTURAL NÃO LEGITIMA QUE NINGUÉM SEJA RACISTA.

racista, eu FUI racista por conta do racismo estrutural." Até o século XIX a escravidão era possível por causa dos valores da lei, da Igreja e da família, mas existiam as pessoas que condenavam tal atrocidade. Então, o racismo estrutural não legitima que ninguém seja racista.

Apesar de ter sido tratado como um marginal só porque ronquei ao dormir, tinha plena consciência de que não podia dizer, no horário nobre de um dos maiores canais de TV do mundo, que o criminoso não era eu, mas quem reclamava do meu ronco. Ninguém ia me entender, eu ia virar piada e, mais uma vez na vida, ouviria as palavras "vitimismo" e "mimimi" em uma mesma frase — desde o advento das redes sociais, que reverberam qualidades boas, mas também a ignorância do ser humano, sinceramente não aguento mais ouvir essa "dupla". Meu silêncio não foi covardia, foi economia de energia. Esse estresse afeta o fígado. E meu fígado serve para filtrar os meus drinks, não para ser afetado com gente estúpida.

Mas, para a minha grata surpresa, a feminista vegana, bissexual e cheia de atitude, que eu já tinha achado muito interessante lá na roda de conversa, no nosso primeiro contato usou do seu privilégio branco para me defender. Por mais absurdo que seja, no Brasil, é preciso que um branco aponte que um episódio foi racista para que as pessoas levem o racismo em consideração. O racismo também está aí, na validação da denúncia da pessoa branca. Se a pessoa negra falar da mesma forma, aparece o tal "mimimi". Minha colega não disse com todas as letras, mas subliminarmente. E todo mundo entendeu. O meu amor à primeira vista não errou. Aquela mulher é incrível.

A PESSOA BRANCA, AO SE COLOCAR COMO ANTIRRACISTA, DEVE SE POSICIONAR COMO TAL,

CONVERSAR ENTRE OS SEUS PARES, USAR O SEU PRIVILÉGIO DE SER OUVIDO.

As pessoas desonestamente distorceram o conceito de "lugar de fala". Todos nós temos algum lugar de fala, que não significa roubar o protagonismo da pauta ou falar pela pessoa. Em discussões sobre as questões do feminismo negro, feminismo branco ou do mulherismo africana[4], estarei sempre na escuta, mas, ao presenciar uma mulher sendo oprimida, não posso me ausentar em interferir. E ela fez o mesmo naquela situação, ao presenciar o racismo que eu estava sofrendo.

O racismo científico se estruturou nos séculos XVIII e XIX, principalmente neste último. A Europa perpetrava a escravidão e, havia alguns séculos, escravizava pessoas do continente africano e no Novo Mundo. A história do racismo científico ou racialismo no mundo ocidental é correlacionada à escravidão, como forma de justificação e manutenção do colonialismo. Sendo assim, o conceito de raça foi estabelecido pelos europeus para determinar a sua supremacia em detrimento daqueles que eram colonizados.

Sim, o racismo é problema da branquitude, de quem o criou. Nós, negros, já temos muito trabalho em nos proteger e permanecer vivos por conta dessa mazela. A pessoa branca, ao se colocar como antirracista, deve se posicionar como tal, conversar entre os seus pares, usar o seu privilégio de ser ouvido.

Poucas vezes na vida vi um exemplo de empatia com recorte racial. Empatia, esse termo que muita gente diz que tem, mas poucos sabem o significado. Colocar-se no lugar do

---

4 - Segundo Aza Njeri, doutora em Literaturas Africanas e filósofa, este conceito foi criado por Clenora Hudson-Weems, que preferiu usar africana em latim, ou seja, "da África", para remeter a uma ideia de povo africano.

outro, tentar sentir o que sente outra pessoa caso estivesse na mesma circunstância vivenciada por ela, isso não é para qualquer um. É preciso ter princípios. Com 20 e poucos anos, essa moça me deu aula. Injustiça não é com ela. Foram três semanas intensas de convivência. Ela me divertia, me entendia, me respeitava. Falamos várias coisas por meio de trocas de olhares e gestos sutis que câmera alguma jamais captou. Foi horrível vê-la ir embora. Quando ela saiu por aquela porta, levou um dos meus portos seguros.

7
ASSÉDIO

OUTRO MOTIVO ME LEVOU AOS *TRENDING TOPICS* DO TWITTER: assédio sexual. Sim, eu, com a minha luta pela equidade racial, de gênero e afins, virei o Rodrigo Assediador nos assuntos mais comentados da rede social no Brasil. Mesmo após uma conversa com a vegana, compartilhada por milhares de internautas — em que ela dizia que as pessoas acham que toda feminista é agressiva, e eu respondia que não havia problema, porque toda mulher tem motivos de sobra para sentir raiva. Temos que entender que agressivo é o sistema, não quem sofre por causa dele.

Uma edição maldosa de uma mulher, que se esconde atrás de um perfil com um pseudônimo e uma foto esquisita, fez o país inteiro me odiar. O trabalho foi tão eficiente que, em poucos minutos no ar, o vídeo já tinha dezenas de milhares de compartilhamentos de gente desejando o pior para mim.

Agora eu tinha *haters*.

Descobri o significado dessa palavra inglesa quando saí do confinamento e um amigo me mostrou a repercussão desse vídeo. Até quem me defendeu com unhas e dentes, pelo que sofri no episódio da assembleia na varanda, passou a nutrir um sentimento ruim por mim.

Perceber que pessoas que não me conheciam direito ou só sabiam da minha existência pela televisão duvidaram de mim me doeu bastante. Agora, ver que parentes, amigos próximos e artistas que eu admiro também faziam parte desse grupo foi como uma facada no meu coração.

No meu perfil do Twitter, os administradores a quem confiei minha conta chegaram a pedir desculpa à participante falsamente assediada e ao público pelo "ocorrido", para tentar contornar as agressões que recebi. Eles tiveram o cuidado de chamar o assédio de "ocorrido". Até que foi legal da parte deles, mas confesso que me doeu um pouco ver depois que, até na minha própria rede social, o fato foi tratado como se realmente tivesse acontecido.

O vídeo simulava uma tentativa de beijo com aquela parceira de programa que apelidou a minha casa de Marmita. A maldade na edição foi tamanha que, quando ao fim do dia, já na cama, ela chorava copiosamente por preocupação com a saúde do pai, as muitas lágrimas derramadas foram atribuídas ao fato de eu ter tentado beijá-la à força. O que nunca aconteceu. Essa colega, inclusive, já veio a público desmentir o tal vídeo.

Perdi cerca de 2 mil seguidores no Instagram e 1,5 mil no Twitter na época. Mas nada disso era importante diante do respeito que construí ao longo de uma vida inteira indo pelo ralo. Eu entendo e respeito uma pessoa não gostar de mim. Mas jamais vou compreender a necessidade de me difamar

Temos que entender que agressivo é o sistema, não quem sofre por causa dele.

que esse ser humano teve ao criar um vídeo que me transformava em um criminoso.

Ser humano?

Essa pessoa certamente não é negra nem imagina o que nós, negros, sofremos todos os dias, única e exclusivamente, por sermos pretos. E esse material, editado cheio de malícia, deu munição a quem já não gostava de mim, mas aparentemente não tinha outros motivos além de, claro, a cor da minha pele.

Naquela noite, a edição do programa foi toda voltada para esse caso. O vídeo maldoso tinha alcançado uma proporção tão grande que foi necessário mostrar o que aconteceu de verdade. Senti certo alívio em saber que, ao fim do dia, com tudo esclarecido, voltei aos *trending topics* com o "Desculpa, Rodrigo".

Ufa!

Importante ressaltar: foi muito bonita a atitude dos administradores da minha conta em publicar um textão, no meu perfil, com um novo pedido de desculpas, mas dessa vez destinado a mim. Aquilo limpou meu coração de qualquer sujeira que toda essa situação poderia ter deixado. Claro que perdoei eles.

Aqui fora, foram inúmeras as pessoas que vieram me abraçar e também pedir desculpa por terem me criticado na internet. E quanto mais longo era o abraço, mais eu pensava: *Caramba, a coisa foi séria mesmo.*

Fico pensando o desserviço que ações criminosas como essa causam em relação à luta dos diretos das mulheres. O Brasil está no ranking dos países com mais altos índices de feminicídio, violência doméstica, estupro, e a naturalização de assédio sexual e moral ainda é enorme, o que dificulta seu enfrentamento. Segundo levantamento do Instituto Patrícia Galvão / Instituto Locomotiva, quase todas as brasileiras com mais de 18 anos (97%) afirmaram que já passaram por situações de assédio sexual no transporte público. E, em meio a um contexto tão grave, falsas acusações dão munição para quem deseja deslegitimar as lutas e a resistência.

Essa história toda me fez perder uma bolsa de doutorado. No período, era só digitar o meu nome nos sites de busca para aparecer tal fato. Muitos sites compartilharam o vídeo sem apurar ou esperar o desdobramento do caso.

Para o autor ou autora da edição maldosa, só tenho uma coisa a dizer: eu sobrevivi. E isso me deu ainda mais forças para seguir e continuar sendo quem sou. Você não conseguiu me derrubar. Para você, somente os meus advogados.

8 PATERNIDADE

QUANDO TEMOS VONTADE DE UMA COISA QUE ESTÁ FACILMENTE ao nosso alcance, realizamos esse querer. Como beber água no momento que se tem sede, tomar banho para se limpar e se refrescar ou deitar para dormir na hora que vem o sono. No entanto, quando se trata de algo que está no campo do desejo, cuja conquista está atrelada a fatores que não dependem apenas de nossa responsabilidade, a isso chamamos de sonho. Como ter um filho.

Que sonho...

Ter um filho é um sonho antigo. Cheguei a participar de um processo de adoção no passado, mas que não foi adiante por questões burocráticas. Não sei exatamente quando a vontade de ter alguém que me chamasse de pai brotou de mim, mas era o tipo da coisa que não abriria mão de realizar.

Era.

Pretérito imperfeito.

NO MEIO DE TODA A LOUCURA QUE FOI MORAR DENTRO DE UM PROGRAMA DE TELEVISÃO, GANHEI UM FILHO.

De repente, você entra em uma casa, com várias câmeras, outros 16 indivíduos, e tudo aquilo está sendo transmitido na televisão para milhares de pessoas diariamente. Você está lá dormindo, tomando banho de piscina, almoçando, participando das provas que o programa determina. Entre uma coisa e outra, nascem rivalidades, identificações, amizades, inimizades, paixões, falsidades, decepções, desilusões, afetos, conquistas, reconquistas, amores e... um filho.

No meio de toda a loucura que foi morar dentro de um programa de televisão, ganhei um filho. No caso, o filho. E, dessa vez, sem qualquer burocracia que atrapalhasse. Um menino de 19 anos. Tá, já é um homem, mas, para mim, vai ser sempre um menino. Coisa de pai.

Enquanto eu sonhava em ter um filho, ele já existia e espalhava o carisma que só ele tem por aí. Desde os meus 20 anos. Idade que ele atingiu dias depois lá na casa. Com direito a bolo, refrigerante, parabéns e o meu abraço.

Que bom estar ao lado dele nessa virada de década. Na ocasião, eu não sabia ainda que era pai dele. Estávamos construindo a nossa amizade. Como pais que adotam filhos, mas que vão estreitando os laços com o convívio.

Cada conversa que tinha com ele aliviava toda a tensão que fazia parte da rotina da casa. Nunca nos vimos como adversários, mas como aliados. Como pai e filho são. Aliados.

Em uma ocasião, na mesa da cozinha, eu disse com todas as letras que o estava adotando e pedia a permissão dos pais dele. Sim, o meu menino tem uma mãe e um pai incríveis, que hoje são meus amigos.

Aqui fora, minha mãe e meus irmãos ficaram preocupados com o ciúme que eu podia ter gerado na família dele, chamando-o de filho. E, para descobrir o que a família biológica do menino pensava sobre isso, mamãe armou uma sessão de teatro com todos.

Eles foram ver a peça que eu escrevi e dirigi: *O Pequeno Príncipe Preto*, que estava em cartaz no Teatro Dulcina, no Centro do Rio. Em cada linha daquele espetáculo eu narro a força desse filho que eu queria ter. E já tinha.

Deu tudo certo. O encontro foi pura troca de afeto. E a família do menino adorou a peça. Teve até foto coletiva ao fim da sessão. Soube que o pai biológico dele se emocionou, sem vergonha de deixar as lágrimas escorrerem pelo rosto. Deve ter enxergado o nosso filho na história, com a mesma garra, o mesmo talento, a mesma vontade de querer mudar o mundo do Pequeno Príncipe Preto.

Corta para o reality show. Como nem tudo são flores na relação pai e filho, uma hora a decepção vem. Doeu no coração ouvir o meu menino chamando de "paizão" um cara que se posicionava como meu adversário no programa. E não consegui esconder. Ele explicou que "paizão" é gíria da favela — ele é nascido e criado na Rocinha —, mas não adiantou.

Porém, como também é de praxe nessa relação, o perdão vem logo a cavalo. E se ainda me restava alguma dúvida de que era eu o "paizão" desse menino, ela foi embora quando ele me chamou de "papi". Eu desabei por dentro. Mas demonstrei uma gratidão equilibrada por fora. Estávamos ao vivo com o apresentador do programa, e na TV o tempo é precioso, não dava para dizer a ele tudo o que aquela palavra representava para mim, e que era bem melhor ser chamado de "papi" do que de "paizão". Em seguida, ele me entregou o colar de anjo — um ritual que garantia imunidade a quem o recebesse, mais uma semana na casa. Com esse colar, ele me coroou pai.

Pai, não; papi.

Quando o meu menino saiu do programa, foi mais uma grande perda para mim. Sabe quando um filho cresce e sai de casa? Era isso. Ali, ele amadureceu, passou a se entender como um menino negro e tomou coragem para dizer para o pai, o biológico, que o amava. Ele foi embora da nossa casa para voltar para o teto dos seus pais. Isso me deixou mais tranquilo. Mas não impediu que levasse uma parte de mim quando saiu por aquela porta. Desde então, passou a ser assim: eu levo um pouco dele em mim, ele leva um pouco de mim nele.

No programa, fizemos um acordo. Eu lhe disse que faria tudo o que pudesse do lado de fora para torná-lo um campeão. Dois meses depois, ele estreava como ator na peça *Inimigo oculto*, escrita e dirigida por mim. No mês seguinte, atuou em *Oboró — Masculinidades negras*, em que assino a direção.

E, em cada estreia, os pais biológicos dele estavam lá, do meu lado, aplaudindo-o de pé. Foi lindo. Ele brilhou no palco. O nosso menino brilha. E vai brilhar muito mais.

9
RACISMO RELIGIOSO

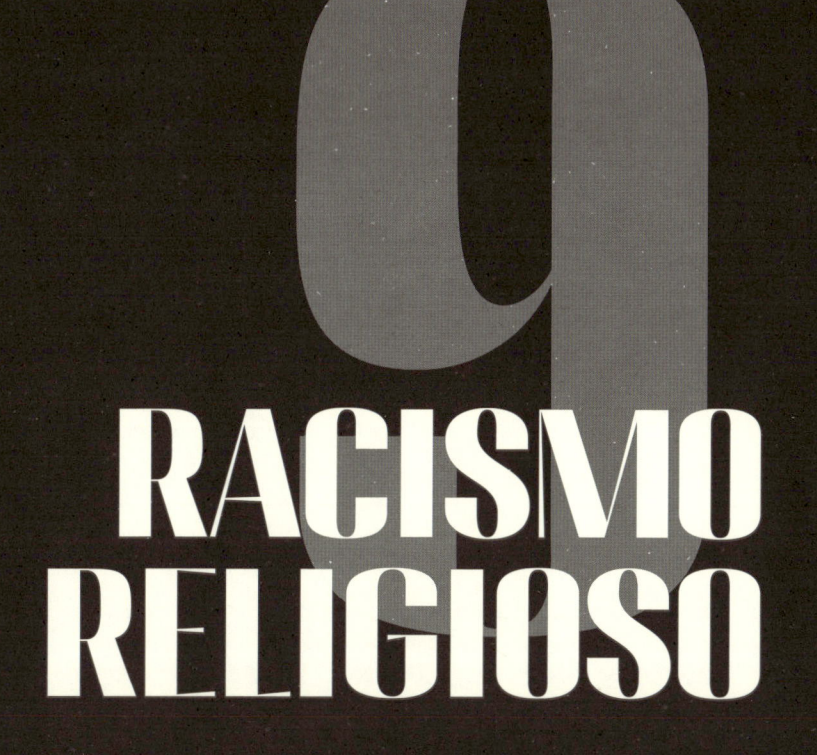

EU PODERIA USAR O TERMO INTOLERÂNCIA RELIGIOSA, COMO muita gente opta em definir. Mas, para mim, quando uma pessoa é intolerante com uma religião de matriz africana, isso tem outro nome: racismo religioso. Até porque o Brasil tem uma denúncia de intolerância religiosa a cada 15 horas, e, segundo os dados do Ministério dos Direitos Humanos, a maioria das vítimas é de religiões de origem africana, com 39% das denúncias.

Todo mundo acha lindo o momento da ceia do Natal, a família reunida, a troca de presentes. Eu também adoro. Mas acho curioso que nenhum defensor de animais condene com unhas e dentes o peru consumido na madrugada de 24 para 25 de dezembro com tanto fervor, ódio e agressividade quanto fazem com os animais que alimentam as comunidades de terreiro, por exemplo.

Outro dia, vi em um desses editoriais de moda um traje chamado "despojado", em que o modelo — um rapaz branco —

PARA MIM, QUANDO UMA PESSOA É INTOLERANTE COM UMA RELIGIÃO DE MATRIZ AFRICANA, ISSO TEM OUTRO NOME: RACISMO RELIGIOSO.

vestia bermuda, camiseta sem manga, chinelos e boné. O texto-legenda da foto dizia que o look pode ser usado para ir à praia, padaria, mercado e até shopping.

Experimenta ser negro e "até" ir ao shopping vestindo bermuda, camiseta, chinelos e boné. Não, melhor, não. Se você nunca viveu essa experiência, deixa eu contar como é. Enquanto você percorre os corredores do shopping, um segurança, geralmente da mesma cor que a sua, acompanha seus passos — mas ele vai jurar que não, caso você pergunte — durante todo o tempo em que você estiver naquele espaço de privilégio branco. Vale ressaltar que esse segurança negro está seguindo ordem. Nós, negros, não geramos valor hegemônico, mas muitos são obrigado a acatar por necessidade ou alienação.

Por outro lado, já vi homens brancos de camiseta sem manga e sunga e mulheres de short e a parte de cima do biquíni circulando tranquilamente em um shopping. Eu não sei se é permitido entrar com traje de banho em shoppings. No Rio de Janeiro, cidade de praia, deve ser, né? Mas eu é que não ouso entrar de sunga e camiseta sem manga em lugar fechado algum que não seja a minha própria casa.

Com essa comparação, só quis mostrar como se aplicam dois pesos e duas medidas diferentes na hora de julgar situações com brancos e negros. No fim do ano, por exemplo, vejo gente jogando flores para Iemanjá; no Carnaval, desfilando em escolas de samba com enredo que exalta orixás... Cadê o medo da religião de matriz africana nessas horas?

O medo não existe. É o racismo que vem na frente e diz: "O meu Deus é melhor que o dele", "Se afasta desse tipo de gente", "Tenho pavor dessas coisas". E foi o racismo religioso que recheou a fala de três pessoas na casa ao me verem abraçado com uma grande amiga que também fiz no programa, enquanto apreciávamos a canção "Identidade", do mestre Jorge Aragão.

Enquanto curtíamos o momento sublime, enlevados pela música, éramos duramente julgados e agredidos. Atacaram a nossa religião e a nossa dignidade. E a Justiça entendeu aqueles comentários ofensivos como liberdade de expressão. A liberdade de expressão não é um cheque em branco com o qual se pode fazer o que desejar. Temos liberdade, mas não devemos fazer o que é ilícito. Caso façamos, a Justiça serve para reparação. Eu não posso chegar a um cinema lotado e gritar que está pegando fogo, sem que realmente esteja, em nome da minha liberdade de expressão. Quantas pessoas podem ser pisoteadas por conta da minha suposta liberdade de expressão? Racismo é crime! Não um direito.

Para os meus, o nome disso é racismo religioso. Mas a Justiça é branca. E aos brancos protege.

Mas irei até a última instância, por dever ancestral. Por compromisso com todo um povo de terreiro.

A LIBERDADE DE EXPRESSÃO NÃO É UM CHEQUE EM BRANCO

COM O QUAL SE PODE FAZER O QUE DESEJAR.

10 FALTA DA SEGUNDA CHANCE

A REVISTA *ROLLING STONE BRASIL* ELEGEU WILSON SIMONAL O quarto melhor cantor brasileiro de todos os tempos no ano de 2012. Pena que ele já não estava mais entre nós para celebrar o reconhecimento. Simonal morreu em 2000, pobre, sem prestígio e odiado por grande parte dos brasileiros.

    O artista chegou aonde pouquíssimas personalidades negras chegaram. Era o Pelé da música. Aliás, o ídolo do futebol era um de seus grandes amigos. Os dois conviveram bastante nos meses que antecederam a bem-sucedida Copa de 1970, e foi Simonal quem comandou a cerimônia, no Maracanãzinho, que celebrou o milésimo gol do Rei.

    Dono de sucessos que ultrapassam as gerações, como "País tropical", "Sá Marina", "Nem vem que não tem", "Mamãe passou açúcar em mim" e "Tributo a Martin Luther King", o cantor não pôde contar nem com todo o talento e o carisma que tinha para impedir que sua carreira chegasse ao fundo do poço ao ter seu nome envolvido com a ditadura.

O NEGRO
NUNCA TEM
UMA SEGUNDA
CHANCE.
A NOSSA
CONDENAÇÃO
É IRREVOGÁVEL.

Ele teria acionado contatos na polícia para assustar o seu contador, Raphael Viviani, e forçá-lo a confessar que havia roubado a Wilson Simonal Produções. O contador sofreu agressões e as denunciou em 1972. Simonal foi condenado por extorsão mediante sequestro e ficou preso por nove dias, e depois cumpriu prisão domiciliar. Quando a pena acabou, quatro anos mais tarde, foi boicotado pela classe artística e jamais recuperou o prestígio que o havia transformado, no fim dos anos 1960, no cantor mais popular do Brasil.

Vários documentos da época, no entanto, apresentavam ligações de outros cantores e compositores famosos com a ditadura. Todos brancos. À exceção de um negro. O único que foi exposto, condenado e crucificado.

Simonal morreu de cirrose. Não se perdoou pelo erro que cometeu, mesmo tendo cumprido pena e comprovado, por meio de um *habeas data*, que nunca delatou nenhum artista.

Ninguém esqueceu da derrota do Brasil na final Copa de 1950, no Maracanã, contra o Uruguai. Mas quatro anos depois, todo mundo voltava a torcer pelo país no Mundial seguinte. O perdão, entretanto, não veio para o goleiro Moacyr Barbosa. Muito antes da "era do cancelamento", o jogador foi apagado pelos brasileiros.

Barbosa, como era conhecido, foi acusado de ter falhado ao levar o gol da derrota e carregou até a morte o fardo da derrota. Depois da Copa, ainda retornou ao clube em que jogava, o Vasco da Gama, onde foi bem recebido pela torcida graças à carreira brilhante que teve no time, porém, o povo brasileiro sempre o culpou pelo gol sofrido que deu o título ao Uruguai. Morreu de tristeza em abril de 2000, dois meses

VAI TER
CORPO PRETO
NA TELEVISÃO,
NO JUDICIÁRIO,
NOS HOSPITAIS,
NA DIREÇÃO DE
EMPRESAS,
EM TODO LUGAR.

PORQUE, ALÉM DE RESISTIR, NÓS VAMOS AVANÇAR.

antes de Simonal. Não suportou ser considerado, durante o resto de sua vida, o responsável pelo fracasso da campanha brasileira.

O negro nunca tem uma segunda chance. A nossa condenação é irrevogável.

Fui alvo de uma dupla de meninas no programa, que me perseguiu durante toda a minha estada na casa. Já na primeira semana, elas me impediram de participar de uma prova em que se disputava a liderança no jogo. E a perseguição só parou quando, após 78 dias, fui eliminado do jogo.

Há algum tempo, parei de perguntar o "Por que eu?". Outras pessoas na casa tiveram problemas sérios com elas, mas acabaram virando amigos. Comigo, a rivalidade era gratuita. E eu percebia ódio nos olhares. Era estranho, a minha presença incomodava aquelas moças.

As minhas tentativas para estabelecer a paz foram muitas. Conversei com elas, elogiei a amizade delas de forma sincera. E não tinha nada a ver com estratégia de jogo. Eu não nasci ontem. Há anos entendi que o desprezo que sentem por mim não tem a ver com a minha conduta, mas com a minha cor.

Já recebi o mesmo desprezo em restaurantes, festas, escola, farmácia, banco, faculdade, cinema, trabalho. Em todo lugar que vou. E, geralmente, ele vem acompanhado de um olhar de medo, nojo e deboche.

Enquanto mulheres e homens negros ocuparem, predominantemente, espaços de subalternidade, o olhar da sociedade vai estranhar e até se incomodar com um corpo preto no horário nobre de uma das maiores emissoras do mundo.

Mas, mesmo sem segunda chance, vai ter corpo preto na televisão, no judiciário, nos hospitais, na direção de empresas, em todo lugar. Porque, além de resistir, nós vamos avançar.

11 CORPO PRETO

DESDE MUITO CEDO, ME PREOCUPO EM SAIR DE CASA BEM--vestido e perfumado. Minha mãe dizia que tinha que ser assim, e eu não questionava. Com o tempo, fatalmente, vamos descobrindo os porquês das coisas. E foi em uma revista policial, quando estava a caminho da padaria, vestindo short, camiseta sem manga e chinelo de dedo, que entendi a preocupação da minha mãe. Tive que mostrar documento e dizer onde morava. Hoje em dia, soube por amigos que eles exigem a nota fiscal do celular. Para a minha sorte, na época em que era um adolescente cheio de sonhos, telefone era só residencial.

Na minha casa, no entanto, me permito andar com aquela roupa velha, furada, que não presta nem para a doação, mas que eu sempre acho que é o meu melhor look. E, no programa, que era, afinal, nossa casa durante o confinamento, o meu uniforme era composto por uma camiseta sem manga azul-marinho, uma bermuda cinza e um chinelo preto. Por mim, no dia da eliminação, eu sairia assim. Mas eu sabia que

O CORPO PRETO É HIPERSEXUALIZADO NÃO NOS COLOCAM NO LUGAR DA SENSUALIDADE, MAS DA ANORMALIDADE.

minha mãe estaria lá. E vesti o que levei de mais elegante. Para ela.

Por motivos de "preciso seguir minha vida adiante", me desfiz da minha roupa de "ficar em casa", como diria vovó. Evitei coisas que me remetessem ao programa por um tempo, porque a gente sai com a cabeça meio fora do normal de lá. Precisava de novas referências aqui fora para me acostumar com a volta da vida sem câmeras.

Todo esse preâmbulo é para dizer que, apesar de adorar meu traje de "ficar em casa" e de considerar que ele era apropriado para aqueles dias comuns no reality show, para os telespectadores não era. Eu estava entrando na casa deles com aqueles trajes. Não era como se eu estivesse em casa, era com se estivesse indo à rua. E o que as pessoas pensam de um negro que sai vestido assim? Na minha cabeça, vem logo a imagem da dura policial na minha adolescência.

Os brancos podiam andar sem camisa, descalços e completamente despenteados, que iam sempre ser considerados despojados. E, quanto menos roupa, mais as câmeras buscavam aqueles corpos. Eu cansei de, durante o banho, sem querer, mostrar mais do que deveria. É preciso muito talento para lavar as partes íntimas sem deixar nada à mostra. E a real é que eu não estava nem aí. Sabia que eles não iam me vender como um símbolo sexual.

Se eu entrasse de sunga branca na piscina, ainda iam me chamar de afrontoso. Evitei levar sunga branca, tive o cuidado de só levar as estampadas. O corpo preto é hipersexualizado. Não nos colocam no lugar da sensualidade, mas da anormalidade. Recorrentemente, somos chamados apenas de "pauzudos" e "bundudas". É como se todo o resto não importasse. E, como adoram nos animalizar, é comum sermos usados como fetiche, dentro de uma conotação selvagem.

O que esperavam de um negro que na maioria das vezes estava vestido com camiseta sem manga azul-marinho, short cinza e chinelo preto? Ah, é importante acrescentar: um negro de dreads no cabelo. Não sabe? Briga, discussão, dedo na cara e ameaça.

Eu devo ter frustrado muita gente, né? Sou articulador cultural, ator, diretor, dramaturgo, artista plástico, filósofo político e jurídico, professor de direitos humanos e ativista pelos direitos civis, sociais e políticos da população negra no Brasil. E, apesar da roupa de "ficar em casa", não segui um estigma esperado. Confesso que, aqui fora, já precisei erguer a voz algumas vezes, como recurso para ser respeitado, sim. Mas, no programa, eu sabia que, se fizesse isso, seria o "preto raivoso", o "cara perigoso", o "bandidão".

Uma das nossas bandeiras é o respeito às nossas subjetividades. Somos plurais no comportamento, e a militância perpassa por diversas formas de luta. Nunca vou condenar aqueles que se expressam contra o racismo de forma radical — a palavra "radical" vem de raiz, princípio e origem. Porém, sou professor e sabia que ali era uma grande oportunidade de usar a pedagogia para milhões que estavam assistindo.

Aos preconceituosos, só digo uma coisa: negros também são intelectuais, independentemente da roupa que usem.

AOS PRECONCEITUOSOS, SÓ DIGO UMA COISA: NEGROS TAMBÉM SÃO INTELECTUAIS, INDEPENDENTEMENTE DA ROUPA QUE USEM.

12
GAIOLA

UMA DAS COISAS QUE COSTUMO REFORÇAR PARA A GENTE NEGRA é a importância de se estar com os seus. O tal aquilombamento de que tanto se fala hoje em dia. Desde que passei a ter esse entendimento, fui aos poucos me afastando de lugares com presença majoritária de pessoas brancas, seja em ambientes profissionais, núcleos sociais, eventos etc. Quando estou no meio de outros negros, para começar, não sou o "negão", me acho bonito, minha autoestima se eleva, me sinto feliz e, o melhor, não existe a menor possibilidade de eu sofrer racismo. Isso é libertador.

Quando alguém reclama comigo que nos espetáculos que dirijo a ficha técnica é toda negra, sempre peço para irem reclamar com os produtores de elenco das novelas, dos grandes musicais e dos espetáculos em geral, em que só tem um ou outro negro como cota. Em muitos, isso nem acontece.

Dentro da casa, eu também busquei a minha rede de proteção com os outros participantes negros. Dois outros brancos, que demonstravam ter consciência de coletivo, completavam o grupo, que aqui fora foi chamado de Gaiola, em alusão ao Baile da Gaiola.

Até hoje, não sei se Gaiola tinha um tom pejorativo, já que o Baile da Gaiola, realizado próximo a uma favela da Penha, tem maioria de frequentadores negros, ou se era porque, nas festas, nos acabávamos quando tocava funk. Não sou de me exceder em pistas de dança por motivos de "minha coluna dói", mas achava importante exaltar o ritmo, tão marginalizado aqui fora, no horário nobre da maior emissora do país.

Quando percebemos que bastava dizer "Queria tanto dançar tal música" que dava certo, começamos a interferir na playlist do programa. Eu, por exemplo, reivindiquei que nas festas não tocava kuduro — gênero musical angolano — e fui atendido. Mas um dos momentos mais emocionantes em festas na casa, para mim, como homem negro, foi ouvir "Cota não é esmola", de Bia Ferreira, após as muitas citações a essa canção por uma integrante do meu grupo. Aliás, o Brasil precisa entender de uma vez por todas: COTA NÃO É ESMOLA!

O outro grupo, que se posicionou como nosso adversário desde o começo do programa, foi batizado de VillaMix, em referência ao festival com alto valor de entrada e público predominantemente branco, mas passou a ser chamado de Camarote no site oficial do programa, porque, segundo funcionários da produção do reality, o evento não tinha gostado de ser associado àquelas pessoas. Portanto, em respeito à empresa, vou me referir a eles como Camarote.

Assim como acontece aqui fora, dentro da casa algumas pessoas do meu grupo se encantaram com os participantes

O BRASIL PRECISA ENTENDER DE UMA VEZ POR TODAS: COTA NÃO É ESMOLA!

do outro lado. E eu entendia muito bem esse processo. A televisão, a publicidade, as capas de revistas provocam esse fascínio pelo padrão determinado como ideal, em que os integrantes do grupo Camarote se encaixam. Eu não caí nessa armadilha inconsciente. Há umas duas décadas, no entanto, talvez caísse.

Por mais que ensaiasse conversar com a Gaiola sobre essa questão, nós estávamos dentro de um jogo, então poderia soar como estratégia da minha parte e, com isso, eu ainda corria o risco de vê-los se afastando de mim. Optei por conviver de boa com essa situação, porque, mesmo fragmentada, era a Gaiola que me permitia sentir à vontade para ser quem sou.

Alguns identificaram a tal armadilha inconsciente ao longo do programa. Cresceram, adquiriram letramento racial, amadureceram e, hoje, são grandes exemplos para o povo preto. Outros preferiram não levantar bandeiras, porque acham que isso pode ser prejudicial em suas carreiras e na publicidade. Uma pena, mas respeito o posicionamento de cada um. Já tentam nos privar do direito de sermos o que somos, quem sou eu para determinar como um dos meus deve atuar na vida?

13
MAMÃE

UM DIA, DURANTE O PROGRAMA, NOS MANDARAM PARA O ANDAR de cima, onde eram realizados os almoços dos anjos — aqueles que tinham o poder de imunizar outras pessoas no jogo —, sessões de cinema e outras atividades. Achamos estranho. Mas fomos.

Nunca passamos tanto tempo confinados em um cômodo dentro daquilo que já era um confinamento. Comemos, conversamos, jogamos sinuca, tudo na mais perfeita harmonia. Como estávamos todos juntos em um espaço relativamente pequeno, não tinha como haver fofocas. E eu pensava: será que isso vai render um bom programa para o público?

Claro que não. O pior ainda estava por vir. Mas a parte boa é que, enquanto estávamos lá em cima, familiares dos participantes entraram na casa para passar algumas horas. E mamãe estava lá.

Mesmo já conhecida pelo Brasil como a funkeira Dona Verinha, ela não teve estrelismo. Como toda celebridade que se preze, cozinhou, tomou banho de piscina, arrumou minha cama e dobrou algumas camisas que deixei pelo quarto.

A protagonista da minha vida brilhou e o Brasil inteiro é prova disso. Só que mais uma vez ela entrou para os *trending topics* do Twitter, graças a uma edição maldosa de um fã de uma adversária minha no jogo. A imagem manipulada dava a entender que ela tinha ignorado a mãe da menina quando esta tentou cumprimentá-la. Mas a atitude maldosa logo foi desfeita, graças às pessoas de bom coração que fizeram questão de mostrar com vídeos e imagens que a Dona Verinha é uma celebridade acessível.

Depois que fomos liberados para voltar à casa, assistimos a um vídeo curto, que mostrou que recebemos visita, enquanto pensávamos em várias hipóteses sobre o que se passava lá em baixo. Sim, depois de muito tempo presos naquele lugar, sabíamos que o almoço não era um presente. Mas antes disso eu já não tinha dúvidas de que mamãe havia passado por lá. Minha cama estava arrumada do jeito dela. Minhas camisas estavam dobradas do jeito dela.

Pulei na cama, abracei aquelas camisas. Minha mãe tinha passado por ali! E nada mais me importava naquele momento, além da tentativa de me sentir próximo a ela por meio daqueles vestígios. Foi reconfortante saber que ela havia entrado naquele ambiente que andava me fazendo tão mal. A boa energia que ela transmite por onde passa permaneceu por algum tempo, me abraçou, me acalmou e fez com que eu aguentasse mais um pouco aquilo tudo. Mas só um pouco.

Ao fim do dia, ficamos cara a cara. Na verdade, havia uma película de papel ou tecido, não lembro, que nos separava. Mas não adiantava, era como se a visse sorrindo para mim e dizendo com os olhos "Está tudo bem lá fora, não se preocupe". Esse momento fazia parte de uma prova de liderança, e a película seria rasgada pelo parente do participante que ganhasse a prova.

Eu não levei a melhor nessa. Quer dizer, levei, sim. Minha mãe entrou na casa em que eu estava morando, arrumou minha cama e dobrou minhas camisas. Saber que ela participou do programa por alguns instantes disse muito para mim. Ela jamais aceitaria se tivessem estragado a minha imagem lá fora. E também não deixaria meus irmãos entrarem.

Depois da "visita" dela, se eu perdesse ou ganhasse no jogo, era indiferente. Sei que pode soar pedante achar que um prêmio de R$ 1,5 milhão não era importante. Mas é que, lá dentro, a gente aprende que tem coisas que valem muito mais.

VIOLÊNCIA SIMBÓLICA X VIOLÊNCIA FÍSICA

14

RACISMO NÃO É ENTRETENIMENTO. NÃO DÁ PARA ROMANTIZAR na televisão algo que exclui, diminui e mata diariamente. É crime, conforme a lei n.º 7.716, de 5 de janeiro de 1989, que já mencionei no capítulo "Empatia", mas acho importante destacar. Até porque as pessoas parecem esquecer.

O que acho curioso é que, no Brasil, em vez de as pessoas se adequarem às leis, são as leis que se adequam às pessoas. Pelo menos, é o que vejo com relação ao racismo. Por ser um crime inafiançável, ou seja, que leva quem o cometeu à prisão, sem direito a pagamento para se conseguir liberdade, os criminosos — brancos, no caso — ganham um afago da Justiça — instituição composta, em sua maioria, também por pessoas brancas — e respondem por injúria racial. Este, sim, passivo de fiança. Os criminosos pagam, já que têm dinheiro, vão embora da delegacia, onde acabaram de prestar depoimento, e retornam à sociedade, como se nada tivesse acontecido.

Por outro lado, é recorrente lermos nos jornais sobre prisões injustas de homens negros — sempre —, que tiveram sua inocência comprovada após anos de detenção. Anos. Imagina a cabeça dessa pessoa que fica anos sem poder trabalhar, sem ver a família diariamente, sem a liberdade à qual tinha direito. E esse tipo de "engano" é frequente. A mesma Justiça que mascara o racismo como injúria racial prende negros inocentes sem o menor pudor.

Essa prática judicial acaba influenciando a sociedade, que continua relativizando o racismo frequentemente. Como ocorreu na edição do programa. Tudo o que falaram da religião em que fui criado, além de certas atitudes claramente racistas, foi reverberado pelo público sem o menor viés condenatório. Por mais que se fale à exaustão que racismo é crime, quando um crime é entendido como diversão, apresentando situações em que as pessoas que o cometem ganham um destaque positivo, não há como assimilar na vida prática que ele é algo realmente sério. Indiretamente, essa atitude displicente corrobora milhares de mortes de negros por ano.

Se por um lado a violência simbólica que sofri foi relativizada, por outro, a violência física contra uma participante que cometeu racismo contra mim foi totalmente levada em consideração e tratada com cautela. É regra do programa: quem agredir é expulso.

Uma loira empurrou outra loira. Eram melhores amigas e, nitidamente, as grandes apostas do programa, com base na edição que favorecia bastante a dupla. Pode ser exagero meu, mas acredito que se eu chegasse ao ponto de empurrar alguém — o que nunca fiz na vida, nem bêbado, como foi o caso —, tenho certeza de que sairia de lá algemado e não

A MESMA JUSTIÇA QUE MASCARA O RACISMO COMO INJÚRIA RACIAL

PRENDE NEGROS INOCENTES SEM O MENOR PUDOR.

teria uma segunda chance. Muito menos seria o recordista de seguidores no Instagram, entre todos os participantes, e não estaria fazendo publicidade nessa rede social para inúmeras empresas, como é o caso da loira agressora.

Até ser expulsa, houve uma análise de cerca de doze horas sobre o caso. Se não tivesse gerado tanta comoção na mídia, talvez o programa nem considerasse agressão. Inclusive imagino alguém amenizando: "Ah, a menina se descontrolou, foi uma reação automática, nem pensou na hora, não fez por mal."

Ainda hoje recebo mensagens agressivas na internet por ter roncado e mancado no programa. Agora, será que sou mesmo desrespeitado por causa de problemas de saúde que eu não queria ter?

Tenho certeza de que não.

15
RESULTADO ANTECIPADO

JÁ PENSOU SE, EM UM TRIBUNAL, DURANTE O DEPOIMENTO DAS duas partes, o juiz ficasse o tempo todo dando razão a um lado e confrontasse o outro com as afirmações do seu oponente? Eu vivi uma situação semelhante a essa na casa. E dá para imaginar em qual lado da situação eu estava.

Na minha última semana ali, estávamos eu e mais duas pessoas em um paredão triplo. Para quem não assiste ao programa, fazem parte do paredão as pessoas que foram indicadas pelo líder da semana e pelos outros participantes. A palavra faz referência ao *paredón* de fuzilamento dos cubanos que se opunham ao regime de Fidel Castro no século passado.

Durante uma espécie de tribunal, eu e minhas duas adversárias tínhamos que defender nossa permanência na casa e apontar defeitos e qualidades nos nossos oponentes. Como se tratavam de amigas, as duas se voltaram contra mim. Ok, faz parte do jogo. O curioso, entretanto, foi ver que o apresentador, que agia como o juiz daquele debate, assumia a narrativa da dupla e me colocava em uma situação em que eu não tinha como me defender. E, mesmo que eu tentasse, seria em vão. A opinião do público já estava formada, graças à ajuda dele. E o poder de fuzilamento dos telespectadores do reality foi usado contra mim.

Deixando de lado o mérito da má e perversa mediação de um "julgamento", foi curioso ver que na reta final do programa ainda havia paredões triplos — diferentemente de edições anteriores. Com duas amigas no páreo contra mim, eram duas torcidas contra uma. E, obviamente, eu sairia. E saí.

No dia do discurso de eliminação do apresentador, eu só pensava em abraçar minha mãe, meus irmãos e amigos. Não consigo me lembrar de uma única palavra que ele disse. Minha cabeça estava lá fora. Estava com ânsia de voltar a ter as rédeas da minha própria vida.

"E quem sai hoje é você, Rodrigo" era tudo o que eu queria ouvir naquele momento. E ouvi. E foi lindo. Demonstrei certo lamento por fora, em respeito aos integrantes da Gaiola que ali ainda restavam, mas, por dentro, eu dava pulos de alegria. Saí daquela experiência com a cabeça erguida. Mas não abracei minha família e amigos antes de conversar com o apresentador, como ocorreu com todos os outros participantes. Não houve brecha para me falarem tudo o que sofri, de forma velada, lá dentro. Afinal, trata-se de um crime. Ia pegar muito mal se eu falasse de racismo ao vivo para todo o país. Só penso que era uma ótima oportunidade de o Brasil ser passado a limpo.

IA PEGAR MUITO MAL SE EU FALASSE DE RACISMO AO VIVO PARA TODO O PAÍS.

16
DISCURSO FINAL

"TEVE A AUDÁCIA DE SER IMPERFEITA E TEVE A OUSADIA DE SER real." Essa foi a definição que o apresentador do programa usou para anunciar a campeã da edição. Com o cenário político do momento, conforme mencionei anteriormente, achei que o resultado não poderia ser mais adequado. Mas daí a ser legitimado pelo condutor do reality ultrapassa todos os limites.

Já falei aqui e repito que, desde que virou crime, o racismo costuma ser amenizado como injúria racial. Este, sim, um crime passível de pagamento em troca da liberdade.

Isso é grave demais. Porque o racismo, principalmente agora que tem sido discutido exaustivamente nas redes sociais, está cada vez mais sutil e difícil mesmo de ser percebido. E o preconceito mascarado é o que leva um monte de gente a crer que não era o melhor na seleção de emprego, nem o que tinha mais capacidade para ser promovido e muito menos o mais bonito do concurso de beleza.

TODO NEGRO, DA HORA EM QUE ACORDA ATÉ O MOMENTO EM QUE VAI DORMIR, SOFRE DE UM A VÁRIOS MOMENTOS DE RACISMO EM SEU DIA.

A falta de referências embasa as alegações para descartar um negro. "O outro rapaz se enquadra melhor no perfil." Geralmente, o perfil é branco. Só nos enxergam nos postos de subalternidade. E não há problema algum em ser gari, mecânico, segurança, garçom, entre outras profissões em que "atendemos" melhor ao perfil. Não somos nós que temos preconceito com essas profissões.

Canso de ver matérias sobre mendigatos, garigatos e tantos outros "gatos" em espaços mais comumente ocupados por pessoas consideradas feias. Os "gatos" são sempre brancos. O mercado se incomoda em ver negros em espaços de privilégios, dominados por brancos, assim como não aceita ver brancos na subalternidade.

Por isso, a diversidade é importante. As pessoas têm de aprender a ver um médico negro sem achar que ele é um técnico de enfermagem ou, pior, não quererem ser examinadas por ele. Precisam ver uma modelo negra com seu cabelo curto e crespo ganhar o Miss Universo sem julgar que o resultado foi injusto. E devem aceitar um homem negro de dread em um reality show sem esperar que ele vá fazer confusão e enfiar o dedo na cara dos outros participantes.

Era confusão que esperavam de mim. Não me queriam como um vencedor em potencial, mas um cara baixo nível, que ia brigar com todo mundo e movimentar a audiência e as discussões. Eu fiz 41 anos dentro da casa. É muito tempo de aprendizado para eu ser essa pessoa que queriam. E, sobretudo, eu não estava ali para decepcionar tanta gente que representei naquele programa.

É importante destacar que não sou contra discursos agressivos quando necessários. E todo negro, da hora em que acorda até o momento em que vai dormir, sofre de um a vários momentos de racismo em seu dia. É normal e totalmente compreensível o revide raivoso. Eu faço isso quando necessário. É como um dispositivo de defesa. Mas, se não existisse o racismo, talvez esse meu lado nunca viesse à tona. Não ia ser em um reality show, em que as pessoas tentam dar o melhor de si para conquistar um prêmio, que eu ia me desequilibrar. Na casa, cheguei ao meu limite, mas não me alterei.

O baixo nível ficou a cargo de outras pessoas. E uma delas foi campeã e exaltada no discurso final do programa, que destacou todas as atrocidades que ela proferiu como "audácia" e "ousadia". Encarei isso como um desrespeito a mim e ao meu povo.

17
AQUI FORA

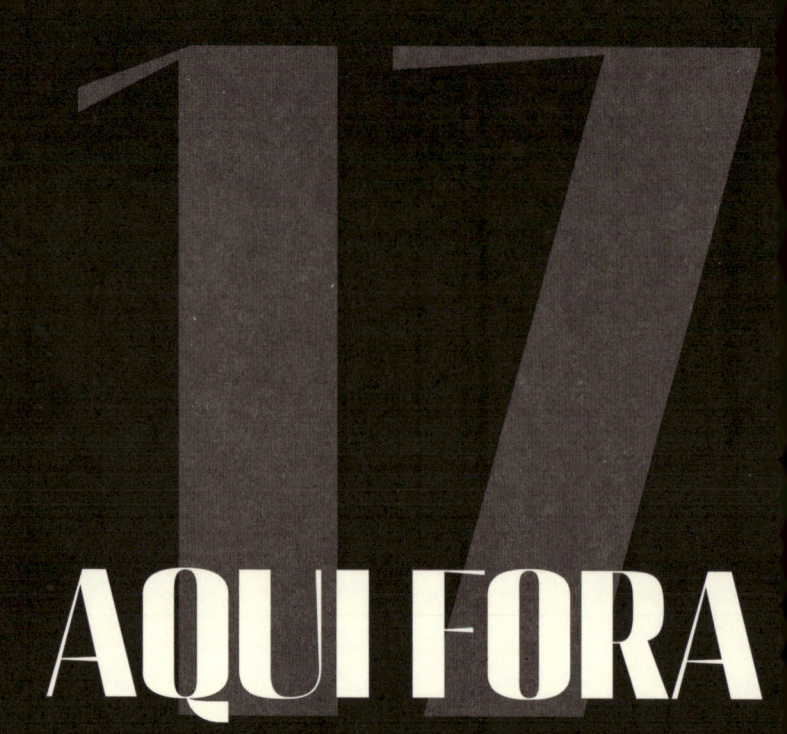

CLARO QUE TEM GENTE QUE ME ODEIA, SEM MOTIVO ALGUM, E tenta me diminuir com alegações rasas de que ronco e manco. No entanto, é raro eu cruzar com um *hater* por aí. Eles se escondem na internet por trás de perfis falsos. Só uma vez, com o carro em movimento, a pessoa que estava no carona gritou "Vai dormir, Rodrigo!". Achei engraçado, porque tudo o que preciso, desde que fui eliminado do reality show, é dormir.

Logo que saí, voltei a viajar com a peça *Contos negreiros do Brasil*, um espetáculo-documentário com dados do racismo no Barsil, e com *O encontro — Malcolm X e Martin Luther King Jr.*, além de participar de uma temporada do musical *Quando a gente ama*, com canções de Arlindo Cruz. Em todas, participei como ator. Também retomei a montagem de *Inimigo oculto*, e estreei *Oboró — Masculinidades negras* e *O amor como revolução*, em que assino a direção, assim como em *O Pequeno Príncipe Preto*.

Ainda dentro da casa, no mês de março, sem saber, ganhei o Prêmio Shell, na categoria Inovação, pela Segunda Black. Um movimento negro que reúne várias manifestações artísticas às segundas-feiras em um lugar previamente determinado. E em julho, por este mesmo projeto, recebi o Prêmio Questão de Crítica. A peça *Oboró — Masculinidades negras* recebeu diversos prêmios, inclusive o Prêmio Shell nas categorias Dramaturgia e Figurino. Viajei para o Chile e Orlando como convidado para fazer divulgação desses roteiros de viagem para as pessoas que me seguem nas redes sociais e para Cabo Verde para participar de um festival de teatro com o espetáculo *Contos negreiros do Brasil*.

Com tantas coisas sendo realizadas ao mesmo tempo, dormir é realmente algo que faço pouco. Até porque, mesmo que não estivesse sendo contratado para novos projetos, como esses, já estaria às voltas com outros planos. Minha cabeça não para.

Eu sabia que não ia ter o perfil do Instagram com o maior número de seguidores, que não sairia em revistas de fofoca quando fosse à praia nem seria o fenômeno da publicidade depois da minha participação no programa. Mas fiquei feliz em saber que a militância negra se orgulhou de mim. Muito bom ter a aprovação de quem eu representei lá dentro. Sempre pensei que sucesso é o reconhecimento de quem admiramos, e isso aconteceu.

Apesar de tudo o que passei nos meus 78 dias naquela casa, também fui abraçado por amigos da classe artística, e meus espetáculos, que já eram sucesso de público e crítica, encheram ainda mais. Meu trabalho ganhou destaque nas principais colunas e seções de grandes jornais em circulação e

SEMPRE PENSEI QUE SUCESSO É O RECONHECIMENTO DE QUEM ADMIRAMOS.

ainda ganhei o respeito da classe trabalhadora. Mas esses são assuntos para um capítulo posterior. Eles merecem destaque.

Se eu soubesse que a edição do programa seria mais um adversário no jogo, eu pensaria duas vezes antes de aceitar o convite para participar. Por sorte, recebi uma criação em casa que me deu essa capacidade de resiliência, algo muito útil em cada segundo que passei naquele reality.

Quanto aos ataques virtuais, contratei um escritório de advocacia. Não posso aceitar esse tipo de coisa. Crime, para mim, não pode ser tratado como diversão.

Participei do programa no primeiro ano de um governo fascista, que teve um final totalmente coerente com o que vivemos no período, mas, a despeito de tanta maldade, descobri muito amor por aí.

E isso é o que vale a pena.

18
MEU
PRÊMIO

COMO PROMETI, AQUI VAI UM CAPÍTULO EXCLUSIVO PARA QUEM merece muito o meu respeito. Pode parecer discurso do conformado, mas não há dinheiro algum no mundo que me faria tão bem quanto o carinho que recebi nas ruas de quem eu realmente represento: o povo. Nem me importava quando um gari vinha correndo na minha direção com o uniforme todo sujo para me abraçar. Eu precisava daquilo, me deixa.

Também correram para me abraçar faxineiras, porteiros, mecânicos, garçons e, para a minha surpresa, até pessoas em situação de rua que assistiam ao programa pela televisão de algum bar ou outro estabelecimento comercial que ficava próximo ao local onde elas se abrigavam.

Nas ruas, descobri que quem gosta de mim e avaliou como boa a minha participação no programa não tinha tempo ou condições de ficar votando para que eu permanecesse na casa. É gente que acorda cedo, trabalha duro e chega tarde, tendo que realizar mais um monte de tarefas do lar,

O CARINHO QUE RECEBI NAS RUAS FOI A MINHA CURA.

dar atenção aos filhos, ao cônjuge e tudo o mais. Eu não podia competir com tantas atividades. Mesmo assim, ficava extremamente lisonjeado quando alguém me dizia: "Deixei de dormir no ônibus várias vezes para ficar votando para você ficar."

Isso não tem preço. O "dormir no ônibus", para muitos trabalhadores, é essencial. É como se fosse o complemento do pouco tempo que tiveram para dormir durante a noite. E abdicar desse momento de descanso por causa de mim é muito significativo. Ao ouvir confissões como essa, sentia certo constrangimento, mas também muito afeto, carinho, compaixão, empatia... Tanto sentimento bom.

O carinho que recebi nas ruas foi a minha cura, após tudo o que passei no programa. E olha que algumas coisas só fui descobrir aqui fora. Mas a decepção se esvaía a cada abraço caloroso que recebi. E o curioso é que, na maioria dos casos, essas pessoas nem pediam para fazer foto comigo. Eles me davam um abraço, agradeciam e seguiam a vida. Depois, vinham mensagens nas minhas redes sociais, como "fiquei tão emocionado quando te vi, que acabei esquecendo de fazer uma selfie". Isso não tem preço. Nem as sessões de análise que precisei fazer para entender tudo aquilo que vivi na casa foram tão eficientes.

Também fiquei muito feliz com o carinho que recebi das pessoas trans. Devido à covardia que fazem com elas diariamente, com agressões e até mortes, é normal que desconfiem de tudo e todos até que se prove o contrário. Mas graças às pautas que levei para o programa, destacando a importância da inclusão delas no mercado de trabalho, em mim, sabiam que tinham um aliado — e cumpro esse papel nas minhas produções teatrais, valorizando a diversidade nas vagas de emprego.

Uma das coisas que mais fiz, logo que saí do confinamento, foi perambular pela rua. Eu precisava sentir aquele gostinho da liberdade. Isso é muito bom. Saía cedo e só voltava para a minha casa de noite. Curti muitos bares, lotados de gente, calor humano. Certa vez, em um pé-sujo, tomando uma caipirinha e já na metade de uma porção de gurjão de peixe, uma senhorinha, vestida de forma bastante humilde, veio até mim e disse: "Eu torci por você no programa. Posso comer um pouquinho?" Terminamos o que ainda restava, pedi um refrigerante para ela e, quando levantou para ir embora, o agradecimento foi especial: "Obrigada por ter representado tão bem o nosso povo." Se até então eu podia ter alguma dúvida de que aquela mulher me viu mesmo no reality show, que ela não estava só usando a informação que alguém tinha lhe dado, naquele momento deixei de ter. Como era bom ouvir aquilo.

Em outra ocasião, um estudante cotista da UERJ, faculdade pública do Rio de Janeiro me parou na rua e disse sem o menor pudor que me odiou, porque não enfiei a mão na cara de algumas pessoas que mereciam. Retruquei com a seguinte pergunta: "Me odiou, mas me ama hoje?" O rapaz me abraçou chorando. Disse que a mãe, que trabalha como faxineira, me adorava e passou a se entender como negra graças a mim. Naquele programa, eu não falava apenas para a minha bolha, que entenderia se eu fosse o negro raivoso. Ali, eu me mostrava para um monte de gente que não sabe que é legal ser negro, que não tem orgulho da própria raça e que, ao ser perguntada sobre sua cor, prefere dizer que é morena, mulata, mas nunca negra. Por causa dessas pessoas, mostrei o melhor de mim, não me desequilibrei, tentei ser o mais exemplar que pudesse. E, hoje, colho os frutos disso nas ruas e nas redes sociais, com comentários do tipo: "Estou fazendo a transição capilar graças a você", "Você me fez ter orgulho da minha cor" e "Não tenho mais vergonha de ser do candomblé por sua causa".

Para a minha bolha, já falo aqui fora. Na televisão, no horário nobre, eu precisava me comunicar com os negros que não entendem o que nós vivemos porque são perfeitamente manipulados pelo discurso do opressor, que os faz entender que "é só batalhar que se chega a algum lugar", "existe meritocracia", "direitos humanos para humanos direitos", "bandido bom é bandido morto", "seja um preto de alma branca" e "não fique de mimimi se vitimizando por aí", entre tantas outras asneiras que ouvimos diariamente.

Outro dia recebi uma mensagem de um rapaz por uma das minhas redes sociais. Ele citava um trecho de um discurso de Nelson Mandela, que diz: "Se você fala a um homem em uma língua que ele compreende, isso vai para a sua cabeça. Se lhe fala na língua dele, isso vai ao seu coração." E completou: "Quando li essa passagem, me lembrei de você no programa. Você falou a nossa língua."

Quando eu dizia que ia conseguir o meu um milhão e meio aqui fora, era a isso que me referia. E consegui.

19 ARMADILHAS A EVITAR

EM MINHAS ANDANÇAS PELAS RUAS EM BUSCA DO GOSTO da liberdade, além de ganhar muitos abraços, virei uma espécie de consultor para assuntos de negritude. Depois de explicar no programa que "mulato" é algo depreciativo, porque faz referência ao cruzamento do cavalo com a jumenta, que dava origem à mula; que a expressão "humor negro" tem teor racista; e que a palavra "denegrir" significa "tornar negro", portanto, é errado usá-la como sinônimo de "difamar", fui parado diversas vezes por pessoas negras, que me pediam ajuda para não cometer "gafes" que diminuíssem a nossa própria raça.

Com isso, separei algumas palavras, expressões e comentários racistas, frequentemente reproduzidos por aí. Abaixo, a lista:

COR DE PELE — Um erro terem definido o bege como "cor de pele", tendo em vista que a maior parte da população brasileira é formada por negros.

DOMÉSTICA — Isso remete aos negros, que eram tratados como animais rebeldes e que precisavam de "corretivos" para serem "domesticados".

ESTAMPA ÉTNICA — No universo da moda, quando se fala apenas "estampa", refere-se àquela criada pelo olhar eurocêntrico. Quando ela vem da África ou de outra parte do mundo considerada "exótica" segundo essa visão, torna-se "étnica". (O mesmo vale para objetos em geral.)

A DAR COM PAU — Expressão originada nos navios negreiros. Muitos dos capturados preferiam morrer a serem escravizados e faziam greve de fome durante a travessia entre o continente africano e o Brasil. Para obrigá-los a se alimentar, um "pau de comer" foi criado para jogar angu, sopa e outras comidas pela boca.

MEIA-TIGELA — Os negros que trabalhavam à força nas minas de ouro nem sempre conseguiam alcançar suas "metas". Quando isso acontecia, recebiam como punição apenas metade da tigela de comida e ganhavam o apelido de "meia-tigela", que hoje significa algo sem valor e medíocre.

MULATO E MULATA — Era assim que os espanhóis se referiam ao filhote macho do cruzamento de cavalo com jumenta ou de jumento com égua. A carga pejorativa piora quando se diz "mulata tipo exportação", reiterando a visão do corpo da mulher negra como mercadoria. A palavra remete à ideia de sedução, sensualidade.

COR DO PECADO — Usada como "elogio", se associa ao imaginário da mulher negra sexualizada. A ideia de pecado se torna ainda mais negativa em uma sociedade pautada na religião, como a brasileira.

SAMBA DO CRIOULO DOIDO — Título do samba que satirizava o ensino de história do Brasil nas escolas do país nos tempos da ditadura, composto por Sérgio Porto, que assinava com o pseudônimo de Stanislaw Ponte Preta. No entanto, a expressão debochada, que significa confusão ou trapalhada, reafirma um estereótipo e a discriminação aos negros e às pessoas com psicopatologias.

TER UM PÉ NA COZINHA — Forma racista de falar de uma pessoa com antepassados negros. Infeliz recordação do período da escravidão em que o único lugar permitido às mulheres negras era a cozinha da casa-grande.

MORENO E MORENA — Racistas acreditam que chamar alguém de preto ou preta é ofensivo. Falar de outra forma, como "moreno(a)" ou "mulato(a)", embranquecendo a pessoa, "amenizaria" o "incômodo".

PRETO/PRETA DE TRAÇOS FINOS — A expressão é usada para pretos que se enquadram em uma estética branca. O que foge a esse padrão é considerado "exótico" ou feio.

CABELO RUIM — Fios "rebeldes", "cabelo duro", "carapinha", "mafuá", "piaçava" e outros tantos derivados depreciam o cabelo afro. Por vários séculos, causaram a negação do próprio corpo e a baixa autoestima entre as mulheres negras sem o "desejado" cabelo liso. O correto é cabelo crespo.

NÃO SOU TUAS NEGAS — A mulher negra colocada como "qualquer uma" ou "de todo mundo" indica a forma como a sociedade a percebe: alguém com quem se pode fazer tudo. Escravas negras eram literalmente propriedade dos homens brancos e utilizadas para satisfazer desejos sexuais, em um tempo no qual assédios e estupros eram ainda mais recorrentes e aceitos. Portanto, além de profundamente racista, o termo é carregado de machismo.

DENEGRIR — Sinônimo de difamar, possui na raiz o significado de "tornar negro", como algo maldoso e ofensivo, "manchando" uma reputação antes "limpa".

A COISA TÁ PRETA — O comentário racista se reflete na associação entre "preto" e uma situação desconfortável, desagradável, difícil, perigosa.

SERVIÇO DE PRETO — Mais uma vez a palavra "preto" aparece como algo ruim. Desta vez, representa uma tarefa malfeita, realizada de forma errada, em uma associação racista ao trabalho que seria realizado pelo negro. Existem ainda aquelas expressões que são utilizadas com tanta naturalidade que muita gente nem sequer percebe a conotação negativa que tem para o negro, como **"mercado negro"**, **"magia negra"**, **"lista negra"**, **"ovelha negra"** e **"humor negro"**, entre outras inúmeras expressões em que a palavra "negro" representa algo pejorativo, prejudicial, ilegal.

INVEJA BRANCA — A ideia do branco como algo positivo é impregnada na expressão, que reforça, ao mesmo tempo, a associação entre negro e comportamentos negativos.

FAZER NAS COXAS — A expressão é usada quando se faz algo de forma desleixada, sem grandes cuidados. O termo surgiu pelo hábito de as pessoas escravizadas moldarem telhas em suas coxas. Devido aos diferentes formatos de corpos, elas acabavam não se encaixando corretamente.

CRIADO-MUDO — As pessoas escravizadas que faziam os serviços domésticos eram chamadas de criadas. Alguns desses homens e mulheres passavam a noite ao lado da cama segurando uma bandeja com um copo d'água, sem falar ou se mover.

Para muitas pessoas, isso pode parecer uma bobagem, um exagero. Mas é importante lembrar que o extremismo não nasce do nada. E é a partir de expressões como estas que a bola de neve vai se formando, até se transformar em uma avalanche racista. O Brasil não é um dos países que mais matam jovens negros, mulheres e LGBTQI+ no mundo à toa. A violência começa na oralidade. Um vocabulário opressor pode ser o ponto de partida para uma guerra.

O BRASIL NÃO É UM DOS PAÍSES QUE MAIS MATAM JOVENS NEGROS, MULHERES E LGBTQI+ NO MUNDO À TOA. A VIOLÊNCIA COMEÇA NA ORALIDADE.

20 OUTRAS FORMAS DE APRENDER

COMPREENDER MELHOR O QUE É O RACISMO, COMO ELE SE molda na sociedade e desconstruí-lo deve ser pauta fundamental não só para negros e negras, mas para todo ser humano. Para quem quiser aprofundar essas questões e ampliar o olhar, indico também algumas leituras e filmes.

LIVROS

Olhos d'água, de Conceição Evaristo
Um defeito de cor, de Ana Maria Gonçalves
O poder da cultura e a cultura no poder: uma disputa simbólica da herança cultural negra no Brasil, de Jocélio Teles dos Santos
De bala em prosa: vozes de resistência ao genocídio negro, de vários autores
Racismo, sexismo e desigualdade no Brasil, de Sueli Carneiro
O genocídio do negro brasileiro: processo de um racismo mascarado, de Abdias Nascimento

Os jacobinos negros: Toussaint L'Ouverture e a revolução de São Domingos, de C.L.R. James
Racismo linguístico: os subterrâneos da linguagem e do racismo, de Gabriel Nascimento
Por que eu não converso mais com pessoas brancas sobre raça, de Reni Eddo-Lodge
Como ser antirracista, de Ibram X. Kendi
Mulheres, raça e classe, de Angela Davis
Água de Barrela, de Eliana Alves Cruz
O crime do Cais do Valongo, de Eliana Alves Cruz
Nada digo de ti, que em ti não veja, de Eliana Alves Cruz
Como se livrar de um relacionamento ordinário, de Maíra Azevedo
O Pequeno Príncipe Preto, de Rodrigo França

FILMES

A negação do Brasil (2020), de Joel Zito Araújo
Malcom X (1992), de Spike Lee
Moonlight: Sob a Luz do Luar (2016), de Barry Jenkins
Infiltrado na Klan (2018), de Spike Lee
Ali (2001), de Michael Mann
Mississipi em chamas (1988), de Alan Parker
O ódio que você semeia (2018), de George Tillman Jr.
Ó paí, Ó (2007), de Monique Gardenberg
Os Panteras Negras: Vanguarda da Revolução (2015), de Stanley Nelson
Selma: Uma luta pela igualdade (2014), de Ava DuVernay
Raça (2016), de Stephen Hopkins

21 DAQUI PARA A FRENTE

É DIFÍCIL FALAR SOBRE O FUTURO. ELE NÃO EXISTE. VIVEMOS um agora, que pode se prolongar por muitos anos, até a hora que ele não nos quiser mais por aqui. Então, a respeito do meu agora, que espero que dure bastante tempo, quero continuar cercado de gente que amo, minha família, amigos, e que os novos que se chegarem venham para somar. Acredito no poder da coletividade. Sabe o Ubuntu? Aquela palavra de origem Bantu, cultura africana, que significa "eu sou porque somos"? É isso. Juntos, em qualquer esfera da vida, podemos ser mais fortes. Sozinho ninguém chega a lugar algum.

Nunca dividi com o grande público, mas, antes de aceitar entrar no confinamento, meu pensamento se voltou para o que eu poderia fazer com 1,5 milhão, caso eu saísse vencedor do reality. Para a minha vida prática, isso era muito dinheiro. Não preciso disso tudo. E vivo muito bem com o básico. É claro que ia me permitir alguns confortos, mas nada de ostentação.

JUNTOS, EM QUALQUER ESFERA DA VIDA, PODEMOS SER MAIS FORTES.

SOZINHO NINGUÉM CHEGA A LUGAR ALGUM.

Quando pensei no que poderia fazer pelo próximo, entretanto, logo me veio à cabeça algo relacionado à cultura. E, minutos depois, já nascia na minha mente um projeto de um edital, em que com 100 mil reais beneficiaria dez grupos de teatro pequenos. Funcionaria como uma espécie de empréstimo, e, em um ano, eles teriam que me devolver o dinheiro, que seria usado para a seleção do ano seguinte. Assim, o projeto se retroalimentaria e proporcionaria a muitos grupos a oportunidade de mostrarem seus trabalhos.

100 mil reais pode parecer pouco, mas com esse dinheiro dá para fazer espetáculos com cara de milionários. Falo por experiência própria, já fiz muita coisa sem um único centavo, com muita criatividade e ajuda de amigos. Longe de mim querer romantizar o perrengue no teatro. Sou contra o descaso com a cultura e, principalmente, com os pequenos grupos e coletivos que nascem nas periferias e nas favelas. Nesses lugares há muita gente talentosa e que merece receber bem. O que pensei em fazer por eles, com o meu edital, não é nem de longe o que espero e desejo para toda a classe artística.

Aproveitando esse gancho, profissionalmente, é isso que almejo para o meu agora: ser valorizado como artista. Aliás, desejo para mim e para todo mundo que sobrevive a duras penas de arte. É desanimador saber que um diretor negro ganha bem menos do que um branco. Vários amigos, que começaram bem depois de mim, já compraram suas casas, carros e vivem viajando pelo mundo. Preciso falar a cor deles? Quanto a mim, continuo morando no Marmita, meu apartamento de um quarto. Carro eu sinceramente não desejo ter, porque sou a favor da sustentabilidade; é um luxo que não mexe com a minha cabeça. Apesar de o transporte público no Rio ainda ter muito a melhorar, é nele que acredito. E viagens... Quem não gosta?

Com relação ao racismo, nem todo o otimismo que há em mim acredita que um dia ele deixará de ser praticado. Só espero que as autoridades policiais e de Justiça deixem de amenizá-lo e passem a prender quem comete esse crime. Só assim posso ter esperança em uma evolução do povo brasileiro nesse quesito.

Mas para evoluirmos de verdade é importante que a diversidade seja respeitada e esteja presente em todas as instituições. Enquanto isso não ocorre, entretanto, espero que os negros se unam cada vez mais. Somos uma potência, temos muita força, mas precisamos jogar juntos. Então, é preciso que "moreninhos" e "mulatinhos" entendam de uma vez por todas que também são negros e parem de se opor e discriminar os de pele retinta. Essa desunião só provoca o enfraquecimento e a vulnerabilidade da raça. Com o grupo todo unido, seremos imbatíveis e chegaremos aonde quisermos.

Juntos somos capazes de tudo. Podemos eleger nossos representantes no poder público, criar nossas escolas, universidades, emissora de TV... Acredito que o Estado tenha sua obrigação com o meu povo preto, por reparação histórica e, principalmente, por entender que em uma sociedade desigual não dá para ficar de braços cruzados.

Já pensou se a gente vivesse em um país mais inclusivo, onde as pessoas tivessem mais respeito umas pelas outras e convivessem de forma mais harmoniosa? E se nele existisse uma TV que exibisse um reality show que se passaria dentro de uma casa, com um monte de câmera filmando o tempo todo, no formato de um jogo, em que um participante seria eliminado semanalmente até que ficasse apenas o campeão? E se esse programa fosse o reflexo da nossa sociedade? Se eu

COM RELAÇÃO AO RACISMO, NEM TODO O OTIMISMO QUE HÁ EM MIM ACREDITA QUE UM DIA ELE DEIXARÁ DE SER PRATICADO.

fosse convidado, talvez aceitasse participar. Certamente, teria brancos na proporção da nossa população. Imagino que não fosse existir, mas, caso ocorresse qualquer atitude ou fala racista, seria motivo de expulsão e encaminhamento para a polícia. Ganharia quem, de fato, fosse o melhor, mais exemplar. E o discurso final, do apresentador, exaltaria as qualidades do campeão. E não seus defeitos.

Já pensou?

POSFÁCIO

HISTORICAMENTE, A SOCIEDADE ESTÁ SEMPRE SE REVE-zando entre o avanço e o retrocesso com relação aos seus valores. Isso acontece, em geral, em um grande lapso de tempo. Por isso, não imaginei que da minha edição do programa para a seguinte haveria um retrocesso no número de participantes negros — de cinco passando a apenas dois, levando-se em consideração que uma terceira pessoa não se lia como mulher negra.

Quando participei, o número já era aquém do esperado numa sociedade em que representamos 56% da população, mas, ainda assim, foi o recorde do programa, a maior quantidade de pessoas negras juntas na casa. A sensação que tive, graças à consciência racial de alguns colegas de confinamento, foi de acalanto e proteção.

Na edição que veio após a minha, entretanto, isso não ocorreu com os dois participantes negros. Primeiramente, porque não faziam parte do mesmo grupo, apesar de existir uma cumplicidade quase inabalável entre eles. Depois, porque, com base na experiência vivida por mim e pelos outros participantes, talvez tenha havido um cuidado em evitar o aquilombamento. O Brasil podia não querer isso novamente.

Falando em cumplicidade, abro um último parêntese aqui para contar algo que me aconteceu bem no início dessa jornada. Curiosamente, participei da gravação de uma novela no dia da estreia do programa. No carro da TV, por instantes, imaginei que era uma pegadinha e que seria levado para algum quadro do reality show. A motorista confirmou que eu estava indo para uma participação em um folhetim, mas perguntou se eu aceitaria entrar novamente na casa. Com a maior convicção do mundo, respondi que não, mas logo em seguida pensei no rosto dos dois irmãos que eu já tinha visto nas chamadas da televisão e me corrigi. Aceitaria, sim. Não ia conseguir olhar nos olhos deles, sabendo de tudo o que se passa naquele lugar, e dizer "tchau". Por eles, eu voltaria. Parêntese fechado.

Não tem uma receita de bolo para se chegar a uma performance que dê resultado lá dentro. O que importa é ser verdadeiro, não contradizer o que se fala e se prega. E mesmo que na minha edição isso não tenha tido valor, o certo, o lícito é inegável. Sob esse prisma, acho que os dois tiveram participações fantásticas e que fomentaram importantes debates nas redes sociais. Lembrei agora de um questionamento feito por um filósofo contemporâneo chamado Jonathan Raymundo: "Se o seu ancestral estivesse aqui te olhando, você teria vergonha ou orgulho do que você é?" Nós, que carregamos uma bandeira, não podemos nos dar ao luxo de fazer desserviços. E os dois participantes da edição 2020 não fizeram. Cada um

HÁ UMA
MÁXIMA DA
SOCIOLOGIA
QUE AFIRMA
QUE, SE UMA
SOCIEDADE
É RACISTA,

AS SUAS INSTITUIÇÕES TAMBÉM SERÃO RACISTAS.

com sua história, com sua maneira de conduzi-la, com sua motivação.

Claro que sempre haverá quem questione uma atitude, mas só quem está lá dentro, vivendo toda aquela pressão psicológica e física, pode determinar qual seria a resposta ou o posicionamento correto a adotar. Daqui de fora é muito confortável julgar as pessoas que estão lá dentro, querendo viver aquela experiência, ponderando o que devem fazer ou não, mas sendo o que são e vivenciando tudo o que acreditam. Não existe uma maneira única de conduzir aquele jogo, o que existe são as convicções de cada participante.

Há uma máxima da sociologia que afirma que, se uma sociedade é racista, as suas instituições também serão racistas. Eu não esperava algo diferente do estereótipo negativo que atribuem ao corpo preto. Muitos aspectos da minha edição e da seguinte se assemelharam, especialmente o fato de nos enxergarem em certos momentos como monstros, raivosos, pesados, odiosos, e em outros, como vitimistas. Isso faz parte do senso comum brasileiro. Se formos parar para pensar, toda essa construção externa uma desumanidade, ela coisifica os negros. Éramos vistos assim pouco mais de um século atrás, quando nos foram tiradas nossa história, nossa subjetividade; éramos considerados propriedades. Esse entendimento se perpetua até hoje nos personagens que encontramos na dramaturgia em geral e no olhar da população no cotidiano. Somam-se a isso programas de temáticas policiais em que estamos sempre à margem, e nos negam qualquer possibilidade de intelectualidade e afeto.

É a mesma narrativa se repetindo incessantemente, e por aí vemos o quanto a sociedade não avançou, não evoluiu, o quanto ainda temos uma cabeça de Brasil colônia, o quanto ainda nos enxergam como coisa.

De uma edição para a outra do programa, não acho que tenha mudado muito, mas vejo diferenças. Creio que nós, negros, estamos mais organizados. Além disso, a quarentena fez com que a audiência aumentasse bastante, inclusive de pessoas públicas, com grande número de seguidores e capazes de publicizar causas. Sem desmerecer a ótima performance dos dois negros que estavam na casa, essa peculiaridade sem dúvida somou. O espectador estava mais atento e mais sensível, devido a esse momento de pandemia da Covid-19.

Existe ainda o termômetro das redes sociais, que a cada ano vai ficando mais importante no sentido de influenciar o resultado do programa. Com mais tempo dentro de casa, mais pessoas puderam assistir ao reality no *pay-per-view* ou na internet para ter um panorama geral, ao contrário de outras edições, inclusive da minha.

Costumo dizer que quem salvou a minha imagem foi a internet, porque no material editado na TV não contaram uma boa história sobre mim. O pessoal do *pay-per-view* e os internautas que me acompanhavam por vídeos publicados nas redes sociais viam que eu era diferente. Então, acho que o programa continua o mesmo. Mas a sociedade, muito por causa dessa nova realidade imposta pela quarentena, se transformou. O público ficou mais sensível e organizado para o entendimento de lutas e de causas. É claro que ainda existem as pessoas avessas a qualquer discussão política, mas o resultado mostrou que, em 2020, elas foram minoria.

Ter dois negros entre os quatro finalistas não seria nem um pouco esperável num jogo em que eles eram os únicos entre vinte participantes. Acho que, infelizmente, em alguns momentos faltou sensibilidade e união por parte dos administradores das redes sociais deles. A sociedade está tão desacostumada a ver duas pessoas negras no mesmo patamar, em destaque, que procura motivos para colocá-las em rivalidade, de modo que haja uma justificativa para cortar uma delas. E, embalados pelo jogo, os administradores embarcaram nessa de algumas maneiras.

A vitória de uma mulher negra foi uma resposta positiva ao resultado do ano anterior, que romantizou e aclamou o racismo como algo positivo, como um comportamento correto. Ver uma mulher negra com um discurso potente se sagrar campeã significou o quanto podemos caminhar. Foi muito bom para ela, obviamente, mas foi melhor ainda para o Brasil. O país viu outras perspectiva, narrativa e possibilidade do que se pode construir como vitória: limpa, correta, representando mais da metade da população brasileira, que é trabalhadora, que vive e faz o correto e que é negra. Foi um presente para a nossa nação ver essa mulher negra vencer um ano depois de o programa premiar valores que contradizem o que é correto.

Esse ganho não tem volta. Haverá uma cobrança cada vez maior de quem entrar nas próximas edições para que tenha responsabilidade com seu discurso, com seu valor. Agora, as pessoas vão exigir representatividade e, sobretudo, que ela seja positiva para gerar protagonismo. O Brasil gosta do que é bom, vai querer ver aquilo que foi vivenciado em 2020 se repetir, vai estar mais atento. Agora que vimos uma pessoa negra no pódio, vamos querer reprisar muitas vezes essa experiência na nossa vida.

Espero um dia ver o programa da mesma forma que espero ver a sociedade. Um reality show que vai enxergar que a diversidade e a pluralidade são valores positivos e que permita que haja um processo de equidade para compensar qualquer desigualdade existente na realidade. Quero que ele seja um reflexo de um mundo regido pelo respeito às diferenças, que seja capaz de transmitir discursos positivos, que apresente efetivamente uma imagem em miniatura da sociedade brasileira, com mulheres e homens, LGBTQI+ e héteros, pessoas de ascendência indígena, africana, latina, oriental, caucasiana, ou mais de uma delas. Espero que as pessoas se orgulhem das escalações dos participantes, e que todos possam se ver aí representados. Espero que o valor atribuído à branquitude, noção de origem eurocêntrica, não seja o único a prevalecer. Embora seja uma competição, espero enfim que na casa haja respeito à subjetividade de cada integrante.

CARTA AO MEU PAI

Hoje, como ex-estudante de física de uma das maiores universidades deste país, fico tentando calcular quais as chances de uma pessoa entrar em um reality show, em que o prêmio final, e consequentemente o maior, era de um milhão e meio de reais, e sair com um prêmio muito superior ao dinheiro — mesmo sem ter vencido. Não chego a um resultado desse cálculo, mas posso dizer, com certeza, que as chances são poucas, muito poucas.

Alguns, ao lerem esse trecho, vão dizer que estou exagerando ou mentindo, mas só eu sei o que foi viver dois meses dentro de uma prisão de luxo junto com Rodrigo França. Poucas pessoas tiveram essa oportunidade, mas tenho certeza de que muitas queriam estar no meu lugar.

Às vezes brinco com meus pais biológicos, dizendo que divido minha vida entre antes e depois de ter conhecido o Rodrigo. Mas por mais que fale brincando, sei que é verdade. E espero que, assim como você que está lendo este livro, o próprio Rodrigo entenda que me faz ser uma pessoa melhor todos os dias. Uma vez eu disse que queria ser como ele quando tivesse a sua idade, e ele me respondeu que queria ter sido como eu quando tinha a minha.

Então, deixo aqui o meu agradecimento por você ser esse amigo, pai, professor, por acreditar em mim e por me ensinar a ser alguém melhor todos os dias. Que essa amizade continue por muitos anos, pois quero continuar comemorando suas vitórias, como o lançamento deste livro, e quero que comemore as minhas comigo, já que você certamente é e será a inspiração e talvez o motivo de muitas delas. Fico muito lisonjeado de fazer parte de mais um capítulo lindo da sua história — sim, o filho que ele ganhou sou eu.

Com muito carinho, do seu filhote.

Danrley Ferreira
Ator

Rodrigo França é articulador cultural, ator, diretor, dramaturgo e artista plástico. Começou sua carreira de ator no teatro e cinema em 1992. Já trabalhou em quarenta e dois espetáculos como ator e em oito como diretor. Escreveu sete peças teatrais, entre elas: *O Pequeno Príncipe Preto, Capiroto* e *Inimigo oculto*. Os seus últimos trabalhos são *Oboró - Masculinidades negras, Yabá - Mulheres negras, O amor como revolução* e *Enlaçador de mundos*, em que assina a direção.

Rodrigo é também cientista social, filósofo político e jurídico, atua como pequisador, consultor e professor de direitos humanos fundamentais. É ativista pelos direitos civis, sociais e políticos da população negra no Brasil.

Já expôs suas pinturas no Brasil, nos Estados Unidos e em Portugal; ganhou o Prêmio Shell de Teatro 2019, na categoria Inovação, pelo Coletivo Segunda Black, do qual é cocriador e curador. Essa iniciativa também contempla o 18º Prêmio Questão de Crítica.

Adalberto Neto é formado em jornalismo desde 2003, com longa passagem pelo jornal *O Globo*. Em 2019, escreveu o espetáculo *Oboró - Masculinidades negras*. Aclamada pela crítica, a peça foi considerada uma das dez melhores do ano pelo Segundo Caderno, do *Globo*, e recebeu os prêmios Ubuntu, na categoria Autor Revelação, e Shell de Teatro, na categoria Dramaturgia.

DIREÇÃO EDITORIAL
Daniele Cajueiro

EDITORA RESPONSÁVEL
Janaina Senna

PRODUÇÃO EDITORIAL
Adriana Torres
Júlia Ribeiro

COPIDESQUE
Mariana Bard

REVISÃO
Laiane Flores

CAPA
Maria Julia Ferreira

PROJETO GRÁFICO DE MIOLO E DIAGRAMAÇÃO
Larissa Fernandez de Carvalho

FOTOS DE CAPA
Robson Maia

Este livro foi impresso em 2020
para a Agir.